"一叶知秋"

——小学特色校本课程开发理论与实践

周广玲　胡勤楠　米守勇　著

上海大学出版社

·上海·

图书在版编目(CIP)数据

"一叶知秋"小学特色校本课程开发理论与实践 /
周广玲，胡勤楠，米守勇著. —上海：上海大学出版社，
2024.4
ISBN 978-7-5671-4948-9

Ⅰ.①一… Ⅱ.①周… ②胡… ③米… Ⅲ.①课程—
教学研究—小学 Ⅳ.① G622.3

中国国家版本馆 CIP 数据核字（2024）第 059246 号

责任编辑　厉　凡
封面设计　缪炎栩
技术编辑　金　鑫　钱宇坤

"一叶知秋"
——小学特色校本课程开发理论与实践

周广玲　胡勤楠　米守勇　著

上海大学出版社出版发行
（上海市上大路99号　邮政编码200444）
（https://www.shupress.cn　发行热线 021-66135112）
出版人　戴骏豪

*

南京展望文化发展有限公司排版
江苏凤凰数码印务有限公司印刷　各地新华书店经销
开本 710 mm × 1000 mm　1/16　印张12.75　字数 190千
2024年4月第1版　2024年4月第1次印刷
ISBN 978-7-5671-4948-9/G·3610　定价 68.00元

版权所有　侵权必究
如发现本书有印装质量问题请与印刷厂质量科联系
联系电话：025-57718474

序 言
PREFACE

这本书献给喜欢自然的孩子们,献给希望同孩子一起成长的父母们;

这本书献给正在或打算走进校本课程开发实践的老师,献给尝试通过校本课程的研发打造学校文化特色的校长或教育管理者;

这本书献给为专业成长找不到有效途径的年轻教师,献给为提炼教育教学思想找不到方法的资深教育工作者。

只要您打开这本书,您会找到您所需要的——知识、路径、希望抑或其他。

在这本书中,您会了解到更多有关叶子的知识和故事;

在这本书中,您能清晰地看到校本课程研发实践的足迹;

在这本书中,您能知道如何撰写课程纲要、组织素材,课程实践等有关校本课程的操作方法;

通过这本书,您会发现,激发学生的学习兴趣其实很容易,只需一扇"门"的距离;

通过这本书,您会理解,大自然是每个人的老师,走进自然,教育便自然而然发生;

通过这本书,您会相信,校本课程研发实践能让教师真正跳出教材看教材,跳出教育看教育;实现教师的专业成长;

通过这本书,您会被一线教师的教育幸福感和快乐所感染;

通过这本书,您会看到,基层教师只要确定一个主题,坚持潜心钻研,就能将自己成长为一本书;

……

这本书，说的是课程，话的是成长；说的是故事，话的是教育。一枚叶子很小，小到不及跬步，未能盈掌；一枚叶子也很大，大到一叶知秋，一叶知四季，一叶知生命，一叶知人生。

　　本书第一章讲述《一叶知秋》课程开发的缘起，呈现校本课程形成的思考过程。第二章以四季为纲，以案例教学为线，阐述课程实践的基本路径。第三章以《一叶知秋》校本课程开发实施过程为示例，论述校本课程的开发策略与理念。第四章展现《一叶知秋》校本课程的实践成果与价值。第五章呈现《一叶知秋》部分课程资源。

　　亲爱的朋友们，一线老师记录的文字，或许不那么华丽，但一定质朴；或许不那么专业，但一定真实。结合自己的教育实践，带着您对教育的理解和思考，仔细品味，您将会从一片叶子中，嗅到来自大自然的泥土芬芳。

周广玲
2023 年 9 月 10 日

目 录
CONTENTS

序言 ·· 1

第一章 《一叶知秋》课程资源开发思考脉络 ············· 1
第一节 课程开发背景分析 ·································· 1
　　一、浸润学生心灵的需要 ·································· 1
　　二、培养学生生命意识的需要 ···························· 2
　　三、指导教师研发校本课程的需要 ······················ 2
　　四、弥补校本课程过多关注"动"的需要 ················ 2
　　五、拓展国家课程"小学科学"的需要 ··················· 2
　　六、提炼教育教学思想的需要 ···························· 3
第二节 课程的现实意义思考 ································ 3
　　一、现实更需要"静柔"课程 ······························ 3
　　二、现实需要"珞珞如石"课程 ···························· 4
　　三、现实需要"反动"的课程 ······························ 4
　　四、现实需要"道法自然"课程 ···························· 5
　　五、现实需要"森林浴"课程 ······························ 5
第三节 关于课程理论依据的思考 ·························· 6
　　一、晕轮效应 ·· 6
　　二、迁移规律 ·· 6
　　三、驯化理论 ·· 7

四、经验之塔理论 ··· 7
　第四节　课程素材编排思路 ··· 7
　　一、以诗歌统领单元 ··· 8
　　二、以"教案行文"模块呈现教学内容 ······································· 9
　第五节　课程纲要的撰写思路 ·· 11
　　一、课程目标的确定 ··· 11
　　二、课程内容安排思考路径 ·· 12
　　三、关于课程实施的思考 ··· 12
　　四、关于课程评价思考 ·· 14

第二章　《一叶知秋》校本课程实施基本路径 ····················· 16
　第一节　跟随季节观察 ·· 16
　　一、春天,观察嫩芽 ·· 16
　　二、夏天,观察绿叶 ·· 18
　　三、秋天,观察黄叶 ·· 24
　　四、冬天,观察落叶 ·· 28
　第二节　跟踪观察银杏叶 ··· 31
　　一、银杏树活了 ··· 31
　　二、芽苞长出来了 ·· 32
　　三、银杏叶绽放了 ·· 33
　　四、银杏叶黄了落了 ··· 34
　　附录:跟踪观察的银杏叶四季变化图片 ······································· 34
　第三节　"一叶知秋"社团活动组织策略 ···································· 36
　　一、表格规范 ·· 37
　　二、师生共写 ·· 40
　　三、分享评价 ·· 42
　　附:"一叶知秋"社团简介 ·· 42

第三章 《一叶知秋》校本课程开发策略与思考 ……… 43
第一节 "活"课程 ……… 43
一、让课题"变"课程 ……… 43
二、让课程"生"课程 ……… 46
三、让观察"生"课程 ……… 48
四、让实践"生"课程 ……… 49
五、让书籍"生"课程 ……… 50
六、让学生"写"课程 ……… 52
七、让活动"促"课程 ……… 53
八、让素材"变"资源 ……… 53
第二节 "融"课程 ……… 54
一、《一叶知秋》与小学语文学科融合 ……… 54
二、《一叶知秋》与小学数学学科的融合 ……… 54
三、《一叶知秋》与小学思想品德学科融合 ……… 55
四、《一叶知秋》与小学科学学科的融合 ……… 55
五、《一叶知秋》与信息技术学科的融合 ……… 56
六、《一叶知秋》与小学美术学科的融合 ……… 56
七、《一叶知秋》与小学音乐学科的融合 ……… 57
八、《一叶知秋》与小学地方课程传统文化的融合(古诗词) ……… 58
九、《一叶知秋》与中华经典吟诵的融合 ……… 59
第三节 "真"课程 ……… 61
一、浓缩提炼资源 ……… 61
二、改变资源用法 ……… 62
三、巧借他山之石 ……… 63
四、独立创编资源 ……… 63
第四节 "趣"课程 ……… 64
一、符合教师的兴趣 ……… 64
二、符合学生的兴趣 ……… 65

第四章 《一叶知秋》校本课程开发成果与价值 ... 67
第一节 课程资源开发策略"五成果" ... 67
一、课程资源编排的"模块呈现"和"教案行文"格式 ... 67
二、校本课程开发与课题研究并驾齐驱的研发方式 ... 67
三、"一人一贯制"的校本课程开发实施机制 ... 68
四、取材简单，道法自然的选材思路 ... 68
五、观察自然，创编课程的途径 ... 68
第二节 《一叶知秋》校本课程的实践价值 ... 69
一、改变了学生的生存状态 ... 69
二、改变了教师的生存状态 ... 77
三、影响了学校文化取向 ... 83
四、得到了社会各界认可 ... 87

第五章 《一叶知秋》校本课程相关资源 ... 92
第一节 《一叶知秋》课程纲要 ... 92
第二节 《一叶知秋》课程资源（校本教材） ... 99
第三节 《一叶知秋》教学参考建议 ... 162

附录1 《一叶知秋》校本课程资源研发成果 ... 179

附录2 《一叶知秋》拓展课程：《诗经》里的植物（节选） ... 182

附录3 《一叶知秋》校本课程研发过程记录 ... 186

附录4 教师观察微型记录 ... 188

主要参考文献 ... 193

后 记 ... 194

第一章
《一叶知秋》课程资源开发思考脉络

> 山僧不解数甲子,
> 一叶落知天下秋。

"山僧不解数甲子,一叶落知天下秋。"《一叶知秋》校本课程以叶子为基本素材,以"嫩芽含苞""绿意盎然""黄叶翩翩"和"叶落归根"为基本主题,以观察、调查、写观察日记活动为实践主线,引领学生走进叶的世界,将学生对一枚叶子的喜爱迁移到对一棵树的喜爱,从对一棵树的喜爱迁移到喜爱一片森林,从对森林的喜爱迁移到喜爱整个大自然,从对大自然的喜爱延伸到对生活的热爱,从而珍爱生命。

下面从课程开发背景、课程的现实意义、理论基础、课程素材编排以及课程纲要的撰写五个方面,阐述《一叶知秋》校本课程研发的思考路径。

第一节 课程开发背景分析

本节主要从"需求"层面介绍课程开发背景,具体包括学生需求、教师需求和工作需求等六个层面。

一、浸润学生心灵的需要

浮躁的社会,功利的教育,扰乱了学生纯净的心灵。《一叶知秋》课程的实施是为了把学生的心灵还给自然，让他们能听到叶子生长的声音，能嗅到花开的芬芳。学生通过长期跟踪观察叶子的生长变化过程，他们的心灵便会自然而然得到大自然的浸润和滋养。

二、培养学生生命意识的需要

在多年的教育教学实践中，我发现学生的生命意识淡薄，在教小学科学时，我让学生观察蚂蚁，有些学生毫不犹豫地把小蚂蚁掐死，有的甚至用放大镜聚光烧蚂蚁取乐；在生活中，我发现学生信手摘花，随意折枝，踩踏草坪等。不珍爱生命的现象时时发生，于是我感到开发一门有利于培养孩子生命意识的课程势在必行。

三、指导教师研发校本课程的需要

校本课程研发对学生个性发展、教师专业成长和学校文化建设具有重要意义，但是校本课程如何开发，如何实施及操作，一线老师对此并不熟悉。

2015年10月，为了指导教师开发设计校本课程，我打算研发校本课程的"下水课程"，为老师们先淌出一条校本课程的研发之路，然后以点带面，指导校本课程研发与实施工作。

四、弥补校本课程过多关注"动"的需要

多数学校的校本课程或载歌载舞，或配乐诵诗，图大求强，追求近期效果，而教育需要静，因此我们研发"静""小"和"弱"的课程，以弥补热闹有余，沉静不足的校本课程。把植物中不自见，不自伐的叶子作为研究对象，见微知著，以小见大，动中求静，把学生的心灵置于大自然，让他们的童年充满稻麦香和虫鸣声。

五、拓展国家课程"小学科学"的需要

国家设置"三级课程"的主要目的是为了照顾学生的差异性，为了学生的全面发展。作为学校、校本课程的设置也应照顾"差异"，对国家课程和地

方课程进行有效补充。

青岛版小学科学四年级教材（三年级起点）只涉及叶子的蒸腾作用和光合作用，其实关于叶子的知识还有很多很多，比如叶子的形状、叶子的呼吸等等，由于课时限制等原因，不能一一呈现。从拓展国家课程小学科学关于"叶"的需要出发，我们准备研发关于叶子的课程以弥补国家课程的不足。

六、提炼教育教学思想的需要

作为在第一线工作的教师，教育教学经验丰富且宝贵，但大部分老师不知如何提炼总结。因此我们确定一个主题作为课程进行行动研究，探究教育教学理想彰显的有效途径和教育教学经验提炼的可行方法，为一线教师提供参考和启示。

另外，课程选题既要符合现实需要，又要符合教师的兴趣爱好。"知之者不如好之者，好之者不如乐之者。"选题只有符合教师的兴趣爱好，才能让创编的课程走得更远，才能为学生的可持续发展提供适合的课程资源。

第二节 课程的现实意义思考

心理学家弗洛伊德说："子宫是第一个房子，人类十有八九还留恋它。"人类最原始的本性表现为对母体的依恋，这种依恋曲折地表现为依赖自然。我们亲近自然犹如亲近母亲，学生喜欢《一叶知秋》课程，犹如孩子喜欢妈妈。学生喜欢是课程存在的必要前提，课程的现实意义则是《一叶知秋》课程存在的充分理由。

一、现实更需要"静柔"课程

"道之出口，淡乎其无味，视之不足见，听之不足闻，用之不足既。"（《老子》第三十五章节选）真正有用的东西如同"道"一样，平淡无味，看不见它,听不到它,但是用它却用不尽。真正的教育也如"道",浸润熏染,润物无声;好的课程亦如此,不是热热闹闹,而是平平静静。《一叶知秋》课程以叶为舟,引领学生走进大自然,享受安静的美。当学生身心真正融入自然之时,教育便自然而然发生了。

"天下之至柔,驰骋天下之至坚。"(《老子》第四十三章节选)天下最柔的东西能在天下最硬的东西之间自由驰骋,滴水穿石,就是一个典型的以柔克刚,"无有入无间"的最好例证。真正起作用的教育是润物无声的,真正有意义的课程也是"最不起眼"的。它们的作用不是作用于外,而是作用于内,作用于心灵。

二、现实需要"珞珞如石"课程

"故至誉无誉。(是故)不欲琭琭如玉,珞珞如石。"(《老子》第三十九章节选)最高的荣誉是不需要赞誉的。不求做光彩照人的美玉,但求做普通的石头,或许,只有以"质朴"为根本才能"得一"。

高以下为基,教育、做人都是如此。对身体健康真正有利的食物是家常便饭;对孩子的成长真正起作用的是潜移默化的熏染。最好的课程是溶解了"一"之后的质朴、安静和有一以贯之的"人本"思想的课程。《一叶知秋》取材于身边的叶子,是课程中的"珞珞之石"。

三、现实需要"反动"的课程

"反者,道之动;弱者,道之用。天下万物生于'有','有'生于'无'。"(《老子》第四十章)万事万物的运动规律都是循环往复的,日月星辰,四季更替,寒来暑往。自然现象最能直观诠释"反动"的规律。叶子和日月星辰同样具有"循环往复"特点。

一片叶子从嫩芽初萌到绿意盎然,再从绿意盎然到枯黄衰竭,直至叶落归根,完成了一个生命的循环。当春天来临,温度适宜时,叶芽萌发又会充满勃勃生机。

最朴素的辩证法在自然之中,学生通过走进自然观察叶子的"一生",能从中受到朴素的辩证法思想的启蒙教育。

四、现实需要"道法自然"课程

"图难于其易,为大于其细。天下难事,必作于易;天下大事,必作于细。是以圣人终不为大,故能成其大。"(《老子》第六十三章节选)

老子提醒我们,做任何事情都要从少到多,从小到大,从易到难。要有"无为"的态度,顺应自然的规律。做任何事情,不可求大、求多,而是要从最基本的做起,终将能取得成绩。具体到课程上也不要苛求高、大、上,而应该从最朴素的事物入手。《一叶知秋》中的"叶"具有"道法自然"中的"自然"之意。

道法自然,自然而然,教育的基本理念也在其中了。

五、现实需要"森林浴"课程

《大自然治好了我的抑郁症》的作者艾玛·米切尔(英国)说:"如果每天能在花草和树木间散步就能起到和服药,谈话治疗一样的效果。"

由于家庭暴力、校园欺凌及社会压力等因素,导致近年来青少年抑郁症患病率逐年上升且低龄化。如何防治青少年抑郁症呢?那就去大自然进行"森林浴"吧:去树林、田野走一走,逛一逛,呼吸一下"植物激素",让身心沐浴在大自然中,抑郁之魔自然逃之夭夭,欢愉之神将如约而至。

大自然是天然的医药箱,走进自然,心情好了,一切病症也消失了。

基于以上对课程现实意义的思考,我确定了"自然教育""浸润心灵""观察核心"等基本课程理念。

案例1-1:《一叶知秋》课程纲要之"课程理念"(节选)

- 自然教育。《一叶知秋》课程,引领学生走进大自然,观察每一片叶子,安静地享受自然而然的美,体悟大自然的自然而然、默默无闻的神奇魅力,让教育自然而然发生。
- 浸润心灵。《一叶知秋》是一门"静柔课程",引导学生走进大自然静静观察叶子的生长,使学生在观察的过程中,心灵得到滋养与浸润。
- 观察核心。观察既是《一叶知秋》学习的方法也是目标。《一叶知秋》以引导学生观察叶子入手，让学生学会有序观察，有目的观察，关注细节，关注共同特征和个别差异；培养学生的观察能力，在观察过程中体悟生命的神奇。

第三节　关于课程理论依据的思考

"三僧不解数甲子，一叶落知天下秋。"学生通过对一片叶子的观察真能知道"天下秋"吗？他们通过对一片叶子的观察，能喜欢上一片叶子、一棵树，从而喜欢上一片森林，喜欢上整个大自然吗？在确定了课程的理念后，我们通过阅读有关书籍，寻找到了课程《一叶知秋》的理论依据。

主要有以下四点：

一、晕轮效应

晕轮效应的弥散性特点即对一个人的整体态度会连带影响到跟这个人的具体特征有关的事物上。成语中的"爱屋及乌""厌恶和尚，恨及袈裟"即是晕轮效应弥散性的体现。

根据晕轮效应可知，学生对一片叶子的喜爱，也会连带影响到跟这片叶子的具体特征有关的事物上，比如与叶子有关的一棵树、一片森林、整个大自然等。

二、迁移规律

迁移在心理学上也称学习迁移或训练迁移，是指一种学习对另一种学习的影响。迁移不仅存在于某种经验内部，也存在于不同的经验之间。比如，学生在数学学习中学会的审题技能，可能会促进物理、化学等其他学科审题技能的提高；语言学习中丰富的词汇知识的掌握将促进阅读技能的提高，而阅读技能的提高又可以促进更多的词汇知识的获得，知识与技能之间相互迁移。

根据心理学上的迁移规律可知，学生定会把对叶子的喜爱迁移到对花草树木，鸟石虫鱼的喜爱。

三、驯化理论

驯化理论最早出现于生物学领域,研究人类通过对野生动植物的驯化以达到维系家庭生活运转的目的。《小王子》中的驯化理论的核心是"被驯化才被拥有"。小王子热爱他的玫瑰却被傲慢的玫瑰所伤害,陷入迷茫,于是离开自己的星球。当他看到玫瑰园中的玫瑰时,他极度伤心,因为他知道了原来他的玫瑰并不是宇宙的唯一。狐狸教会他世界上的玫瑰都很美,但是那都不属于小王子,而独有那朵爱他的玫瑰属于他,因为他曾为那朵玫瑰浇过水、盖过玻璃罩、挡过风、除过草……对小王子来说,那朵玫瑰是独一无二的。

如果一片叶子被孩子们所"驯化",那么这片叶子就属于孩子们,即学生通过一片叶子的观察肯定会喜欢上一片叶子,然后再迁移到喜欢生长叶子的大树,从而将喜爱之情迁移到森林、大自然,从喜欢大自然迁移到珍爱生命。

四、经验之塔理论

美国视听教育家戴尔在《视听教学法》中提出了"经验之塔"的理论,其中"做的层次"讲到"通过对真实事物的看、听、尝、摸和嗅等直接感知能获得具体经验。"

《一叶知秋》课程引领孩子们通过与真实的叶子直接接触,通过看、摸、嗅等方式,他们也能获得关于叶子的直接经验,根据经验之塔理论和我多年的观察经验以及迁移规律得知,我通过观察能喜欢上一片叶子,学生通过观察一定也能喜欢上叶子。

第四节　课程素材编排思路

为方便教师教学,《一叶知秋》课时资源编排采用了"教案行文"的模式。

为保证课程内容的整体性、逻辑性和单元之间的衔接,《一叶知秋》单元内容在编排上遵循叶子生长顺序。

第一单元是"引子",第二单元为"嫩芽含苞",计划在春季教学;第三单元为"绿意盎然",计划在夏季教学;第四单元是"黄叶翩翩",计划在秋季教学;第五单元为"叶落归根",计划在冬季教学,第六单元为"美好回忆",是学习总结。

另外,在每个单元前,用诗歌作卷首语统领本单元内容。

具体编排思路如下:

一、以诗歌统领单元

每个单元的诗歌卷首用诗意的语言概括本单元叶子的基本特质。春天,嫩芽萌生时充满了神奇的力量,积聚了一冬的能量,"长出这么多形状";夏季,绿意盎然,绿叶披着"浓郁的绿衣裳,释放的姿态很精彩";秋天,叶子"以高台跳水的姿态,完成一次生命的漂流";冬天,叶落归根,叶子在"雪被下休眠,等待春天发芽"等。

案例1-2:《一叶知秋》校本课程诗歌卷首语(第一单元)

叶子,你哪来的神奇力量?
长出这么多形状,生出那么多色彩?
是树妈妈点染,树爸爸描绘的吗?
也许是按自己想要的样子,
接受阳光,吸收雨露,迎接风霜,
长啊,长啊,就成了现在的模样。
循着你筋骨的方向,我看到你的理想,
摇曳成一面面旌旗,
向天空、向大地、向万物致意,
收到你的致意,
快乐学习,健康成长。
采撷一片叶子,放于唇边,轻轻一吹,木叶声声,
与风起舞,与水和弦,小鸟为我带路,
春天向我们招手。

二、以"教案行文"模块呈现教学内容

《一叶知秋》在教材编排上体现"教案"模式,每一课资源即是浓缩的教案,包括如何做课前准备,课上观察的具体内容要求,观察后组织学生汇报交流等环节。教学时,可直接把"资源"作为"教案"使用。

"教案"内容以模块形式呈现,主要包括课前准备、课堂活动、资料呈现、知识链接和拓展活动五个模块,每一模块用叶子卡通图标标明。"课前准备"模块采用"叶子铃铛"图标提醒学生做课前准备;"室外观察"模块采用"叶子放大镜"图标提醒学生观察时使用放大镜;"汇报交流"模块采用"叶子话筒"提醒学生积极发言等,如以下案例:

案例1-3:《一叶知秋》课程素材"模块呈现"和"教案行文"《叶尖》

1. 课前准备:("叶子铃铛"图标提醒学生做课前准备。)

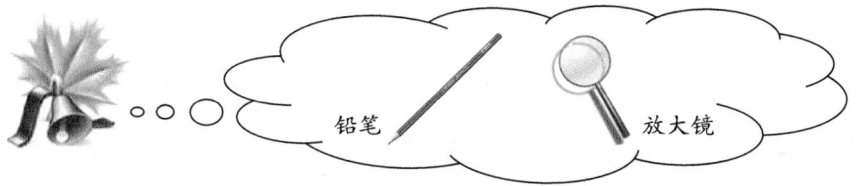

2. 室外观察:("叶子放大镜"图标提示学生用放大镜观察。)

请带着放大镜,对照叶尖表,去校园寻找不同形状的叶尖。

3. 汇报交流:("叶子话筒"图标提醒学生汇报交流。)

4. 知识拓展：（采用"叶子博士"图标表示拓展知识。）

 资料卡

叶子会"吐水"，叶子上的"水滴"从水孔里流出来的，这种现象叫作"吐水"，是植物正常的一种生理活动。环境湿度较大，植物生长得较为健壮，吐水现象就越明显。生活在室外的植物也有吐水现象，时间是晚春、夏天、早秋的早晨或傍晚。

5. 拓展活动：（用"银杏叶动物"图标提示课下继续观察探究。）

 拓展活动

雨后，发现叶子的叶缘部分有水珠，也是叶子"吐水"吗？请查阅资料了解。

根据教学内容特点，每一课时的内容呈现方式略有不同。

另外，《一叶知秋》校本课程的主要素材是叶子，根据教学目标要求，在叶子素材的呈现上，我们注意了呈现叶子的结构性特点，有结构的叶子会"说话"。请看下图叶子上的水珠分明是在告诉我们：看！我在的这个位置就是叶缘（左图）；这就是叶尖儿（右图）。

 叶缘

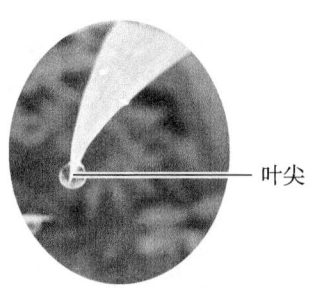 叶尖

第五节　课程纲要的撰写思路

《课程纲要》是指以纲要的形式呈现校本课程的各种课程元素的文本。

校本课程纲要相当于国家课程标准，也是教师层面上具体的校本课程开发方案，包含生成一门校本课程所需的各种相关要素的计划文本，它至少包括四个方面基本问题：课程目标、课程内容、课程实施和课程评价。

下面分别阐述具体内容和开发设计的思考路径。

一、课程目标的确定

在撰写《一叶知秋》课程纲要时，我遵循"用自己的教材实现国家课程标准"的基本原则，以确定课程目标。

《一叶知秋》课程目标包括总目标和具体目标。

总目标的内容缘于我朴实的教育理念和教育理想，即让"孩子成为孩子"，让他们对世界万物都充满强烈的好奇心，即使看到一片叶子，也会惊喜地大叫："哇！叶子真美！"从而能够从对叶子的喜爱，迁移到喜爱整个大自然，所以总目标其实是课程总理念，也是课程目标中的"情感、态度、价值观"目标。

《一叶知秋》的课程素材是叶子，关于叶子的一切知识均可作为具体课程内容，包括叶形、叶缘、叶脉、叶尖、叶托等。因此，了解和认识叶子的基本结构和特点等都可以作为知识目标。

能力目标是根据课程的主要活动确定的。课程的主要活动是观察，在观察中培养的当然是学生的观察能力和观察习惯。此外还有实验操作能力、搜集信息的能力等。

《一叶知秋》校本课程承载着学校文化功能。因此具体目标中又增加了"课程文化目标"这一崭新的目标定位。

案例1-4：《一叶知秋》课程目标中的"文化目标"：

《一叶知秋》的课程文化包括叶子意象文化、叶子特征文化和生命教育文化三个层面。其中，叶子特征文化包括嫩芽、绿叶、秋叶和落叶文化。

我们希望全校师生都能像春天的嫩芽那样，对世界充满好奇，对生命充满希望；像夏天的绿叶一样，绿叶盎然，生机勃勃；像秋天的叶子一样，五彩缤纷，多才多艺；像冬天的落叶一样，涵养智慧，积聚能量。

二、课程内容安排思考路径

依据课程素材叶子的特点，合理选择课程内容的安排方式和顺序。

课程内容安排按照季节分为春秋两季，具体内容的安排顺序依据的是叶子的生长顺序。

春季学期计划教学"嫩芽含苞"单元和"绿意盎然"的部分内容，依次为："我的小树""小树发芽""观察嫩芽""春天叶颜""叶子真绿""叶子真美""泥塑叶子""叶子家人""叶尖""叶脉""叶缘""叶脉本领""托叶""叶柄"等16节内容。在进行"嫩芽含苞"单元教学时，可在校园栽种银杏树，教师和学生一起跟随季节观察银杏叶生长情况。当然，也可以根据学校气候条件或场地种植其他的易活易观察的树木或花草等。"绿意盎然"单元适合在"芽变叶"后教学，教师可带领学生室外观察叶子各部分特点。教学时，精心设计各种观察记录表，以规范学生观察行为，引导学生聚焦观察重点。

秋季学期计划教学"绿意盎然"部分内容和"黄叶翩翩""叶落归根""美好回忆"单元，内容安排依次为："叶之异同""叶的呼吸""叶子工厂""叶子黄了""叶子即落""叶子书签""叶子贴画""叶子落了""叶脉书签""叶的一生""叶书古诗""美好回忆"等16节内容。（另有3节选学内容和2节拓展资源，可以根据每学期教学时间的长短适当选择。）

三、关于课程实施的思考

《一叶知秋》课程活动内容主要是观察叶子，"跟随季节"观察则是《一叶知秋》课程实施的主要途径。《一叶知秋》课程注重在观察中体验生命的

案例1-5:《一叶知秋》课程资源目录

第一单元　神奇的叶
1. 叶之叶韵

第二单元　嫩芽含苞
2. 我的小树
3. 小树发芽
4. 观察嫩芽
5. 春天叶颜

第三单元　绿意盎然
6. 叶子真绿
7. 叶子真美
8. 泥塑叶子
9. 叶之家人
10. 叶尖
11. 叶缘
12. 叶脉
13. 叶脉本领
14. 托叶
15. 叶柄
16. 叶哨
17. 叶之异同
18. 叶的呼吸
19. 叶子工厂

第四单元　黄叶翩翩
20. 叶子黄了
21. 叶子即落
22. 叶子书签
23. 叶子贴画（1）
24. 叶子贴画（2）
25. 叶子贴画（3）
26. 叶脉之画

第五单元　叶落归根
27. 叶子落了
28. 落叶姿态
29. 叶脉书签
30. 叶的一生
31. 叶书古诗

第六单元　美好回忆
32. 美好回忆

✱选学内容
33. 叶子大小
34. 叶子厚薄
35. 叶面质感

※拓展内容
《诗经》里的植物

神奇,"观察体验"则是课程实施的重要环节和要求。观察后,学生通过写观察日记,升华观察认知,教师利用写观察随笔,提炼课程文化,所以,"师生共写"是《一叶知秋》课程实施的独特方式。当然,《一叶知秋》是综合性实践类课程,还需要其他多种方式配合使用。

案例1-6:《一叶知秋》课程纲要之"实施建议"(节选)

- 跟随季节

《一叶知秋》课程是穿越四季的课程,根据季节的不同内容分别为"嫩芽含苞""绿意盎然""黄叶翩翩"和"叶落归根"四个主要单元。教学时,要结合季节的不同,灵活调整教学进度,教学内容也要随着本地植物叶子的生长等情况进行适当增添或调整。

- 观察体验

《一叶知秋》课程是小学科学学科的拓展性综合实践类课程,本意是让儿童与自然相亲,体验观察的快乐和探究的乐趣,体悟自然的神奇。教学时,尽可能通过各种途径和学生一起亲历观察,注重学生的观察体验和对自然的感悟。

- 师生共写

《一叶知秋》课程评价的主要方式之一是观察日记。培养学生长期观察的习惯要从"观察日记"中体现。老师和学生一起写日记,一起经历叶子的一生。通过与学生共写,走进学生心灵,过一种幸福完整的教育生活。

四、关于课程评价思考

《一叶知秋》校本课程实施以"一叶知秋"社团活动为载体,由于学生来自不同年级、不同班级,因此对学生的评价方式需多元化。针对课程内容的特点,《一叶知秋》主要选择了"叶子奖章"和"分类评价"两种方式。

案例1-7:《一叶知秋》课程评价之"叶子奖章"评价

学生的观察日记、叶子贴画、叶脉画、背诵诗词的数量等成果,可以用

"叶儿奖章"评价。使用"叶子奖章"评价时要根据学生的表现选择不同色彩奖章,比如黄色代表合格,绿色代表良好,红色代表优秀等。评价活动可以随着教学进度进行,也可以在单元期末总结时进行。

其实,最好的评价方式是"持续观察中兴趣的持续",简单地说是观察。把学生带进自然,引领学生观察自然是对学生最好的奖赏。

第二章
《一叶知秋》校本课程实施基本路径

> 纸上得来终觉浅,
> 绝知此事要躬行。

《一叶知秋》课程实践的阵地是"一叶知秋"社团,社团活动主要内容是跟随季节观察叶子,通过家校合作,师生共写等方式共同推进。

第一节 跟随季节观察

跟随季节观察是《一叶知秋》校本课程最主要的实施方式,也是最具特点的实践过程。

一、春天,观察嫩芽

"在春天观察各种树木发芽,是观察自然的一大乐趣。一边观察,一边满怀期待地想着一个个形态独特的嫩芽以后会长成的样子,实在有趣。其实当树木的嫩芽长成叶片以后,它们的独特性便没有那么引人注意了,所以在发芽的时候才能体现出各自的特点,也是最为有趣的时期。"(《林中漫步》)

2017年3月11日,我组织"一叶知秋"社团的孩子们植树。当小树发芽时,"一叶知秋"社团便开始了"嫩芽含苞"单元的教学。

"嫩芽含苞"单元内容包括《我的小树》《小树发芽》《观察嫩芽》《春天

叶颜》四节内容,通过教学使学生感受嫩芽生机勃勃的生命魅力,激发学生继续观察的兴趣,陶冶学生热爱自然的性情。

教学《我的小树》时,我们和学生一起在校园内植树,选择了叶子在四季有明显变化的银杏树;教学《小树发芽》时,我们按照素材组织方式进行实施,让学生边观察边记录,鼓励学生用自己喜欢的方式交流汇报观察所得;《观察嫩芽》这节教学内容我们持续观察了至少三周,让学生经历了芽苞变成嫩芽,嫩芽变成叶子的过程,观察时我们和学生一起见证生命的成长,鼓励学生运用各种感官观察;《春天叶颜》这一节观察的重点聚焦在了新生叶的颜色和形态上,通过观察使学生理解了新生叶与老叶颜色不同的主要原因是光照量的不同。

每次观察都聚焦一个重点,引导学生观察细节,从而提高了学生的观察能力,提出问题以及解决问题的能力。

比如,在教学《春天叶颜》时,通过观察学生知道了春天叶子的颜色大多为浅绿、浅黄和红色,新老叶子颜色不同;教学《观察嫩芽》后,学生知道了嫩芽的形态各异,等等。

案例2-1:学生观察日记《最旺盛的都在顶端》(2017年3月23日 星期四 天气晴)

今天,我们的树发芽了!而且我觉得发的是最好的!我发现以前的还是芽苞的花骨朵,现在都变成绽开的花朵,我还发现以前像花苞的时候是棕色的,现在都成翠绿色的了。我们还观察了核桃树和油菜花,我发现核桃树的叶子像瓜子,油菜花的花瓣儿像蝴蝶。

我们第一次正式观察小银杏树,它发出了嫩芽。就像王炳元所说嫩芽像荷花的花苞。叶苞既透露着绿,又透露着外皮,真是好看。我们发现所有的小银叶最旺盛的都在最顶端。

我觉得下个星期四会更高,叶苞也会开的。

学生观察得很仔细,发现芽苞最旺盛的都在顶端,观察能力如此强!强大的观察力,让孩子们在每次的观察中都有重大发现!

二、夏天,观察绿叶

嫩芽长成叶子后,《一叶知秋》校本课程进入了"绿意盎然"单元教学。

本单元的教学主要目标是让学生通过观察叶形、叶缘、叶脉、叶尖、叶柄、托叶、叶子颜色等,使学生掌握叶子的知识,培养学生边观察边记录的习惯,提高学生观察能力,感知夏季叶子特征;通过观察感悟叶子的多样性,感受大自然的神奇。

教学时我充分利用卷首诗歌,让学生通过诵读卷首诗歌,初步感知夏天叶子的绿意盎然。

（一）观察叶形

叶形即叶子的形状,不同植物叶的形态多种多样,大小不同,形态各异。但就一种植物来讲,又比较稳定,可以作为识别植物和分类的依据。(《科普中国·科普百科》)

常见的叶形有针形、披针形、倒披针形、条形、剑形、圆形、矩圆形、椭圆形、卵形、倒卵形、匙形、扇形、镰形、心形、倒心形、肾形、提琴形、盾形、箭头形、戟形、三角形、鳞形等。

学生在观察时,发现了叶子的不同形状,非常惊喜。

案例2-2：叶形观察日记节选（2016年5月20日　星期四　晴）

今天下午大课间,"一叶知秋"社团的孩子们,排着整齐的队伍,走到了垂槐树下观察叶子的形状。"老师,我们找到了心形叶子！"两个孩子高兴地跑向我。"老师,你看那个叶子是不是倒心形的。"一个学生激动得拉着我去看。"老师,我看到了一个掌形的叶子。"……

孩子们高兴得不亦乐乎,我则忙活得不亦乐乎。一会儿跑到这里,一会儿跑到那里。孩子们分散到垂槐树以东的各个地方,观察树上的叶子,观察野菜的叶子,观察小草的叶子等。

走进自然,孩子们特别开心。在观察叶子形状的过程中,他们感受到了叶子形状的多样性和美。

学生亲身经历了观察,他们在寻找、辨认、比较、命名的过程中,将叶子的各种形状已经深深印在脑海里了。叶子的多样化,也随着每一次的亲历观察,扎根于学生的心灵深处。最重要的是,在一次次的观察比较中,他们的观察能力悄然提升;在一次次的观察交流分享中,他们对自然的情感也润物无声地浸润于心灵。

(二)观察叶尖

观察完叶子的形状,我们接着观察叶尖。

叶尖是叶片的尖端部分,一般呈平面状。叶尖有不同的形态。单子叶植物的叶尖不少具有立体的结构,如葱,还有铁角蕨属等蕨类植物。成熟的叶尖能产生不定芽,当叶原茎发生时,就在其顶尖分化出顶尖分生组织进行顶尖生长,但其活动时期较短,最后构成叶尖部分。叶尖主要包括渐尖、钝尖、锐尖、突尖、芒尖、短尖、凸尖、刺尖、卷曲状、凹缺、微凹、圆形、截形、撕裂状等。(《科普中国·科普百科》)

教学时,我利用"叶尖图"引导学生观察,先让学生室内观察各种叶尖,知道各种叶尖的名称,然后带领学生参照"叶尖图"室外观察各种叶子的叶尖,引导学生体验叶尖的多样性,体悟大自然的神奇与魅力。学生在观察叶尖时的快乐,让我至今难忘。

案例2-3:观察日记《观察叶尖》(2016年6月12日　星期日　晴)

今天上周四的课,社团活动前,我先让学生明确"叶尖"概念,然后组织学生室外观察。

"老师，我找到了钝形尖！""老师，我找到了刺尖！""老师，我找到了微凹尖！"……

三年级的孩子兴趣在观察上，他们每次发现到了不同的叶尖就高兴得不得了；五年级的学生兴趣点在"写诗"上，他们观察后就聚在一起联句，竟然合作编写了"天净沙"。当四个人一起诵读起他们编写的"天净沙·叶尖"时，我仿佛看到了四个小诗人。

附：天净沙·叶尖

今日又到檐下，四人前去观察，叶尖种类极大，长叹一声，今天收获好大！

《叶尖》教学重点不是让孩子们记住叶尖样子，而是在观察叶尖的过程中，了解叶尖的多样性，体会自然世界的神奇和神秘。实践证明，学生融入自然，观察自然，在大自然环境中浸润，慢慢滋养出了一颗纯洁的诗心。

（三）观察叶缘

叶缘即叶片的周边，叶片的边缘。常见的类型有全缘、锯齿、重锯齿、钝齿、波状、缺刻、浅裂、深裂、全裂等。（《科普中国·科普百科》）

本节课教学主要目标是引领学生通过画一画、摸一摸等活动认识叶缘，体会叶缘的多样性，感悟自然的奥秘。

教学时，教师可引导学生先以画图的方式明白叶缘概念，然后对照叶缘表观察。教学过程中，拓展了鲁班发明锯子的故事，向学生渗透科学精神教育。

案例2-4：《叶缘》教学随笔（2018年5月10日　星期四　晴）

在观察叶形的基础上，今天开始观察叶缘。我采取了边观察边描画的方式，让学生在描绘曲折柔美的叶缘中感受叶缘的多样性，从而进一步品味叶子的美在于多样性的统一，而美的愉悦体验来自用心观察。

我们先在室内让学生描画叶缘,然后走出教室触摸叶缘。同学们边观察边触摸边记录。"老师,我观察到了锯齿状叶子!老师,我观察到了全缘叶子!"他们高兴地告诉我。为了确认他们观察的是叶缘而非叶片,我让他们用手指摸给我看。

五年级的学生仍然把观察到的叶缘情况用诗歌表达:"叶缘形状多又多,除了全缘和波状,还有很多新叶缘,等着你们去发现。只有细心地观察,才能发现小秘密。"

"有全缘,滑又滑;有齿儿,扎又扎。"

……

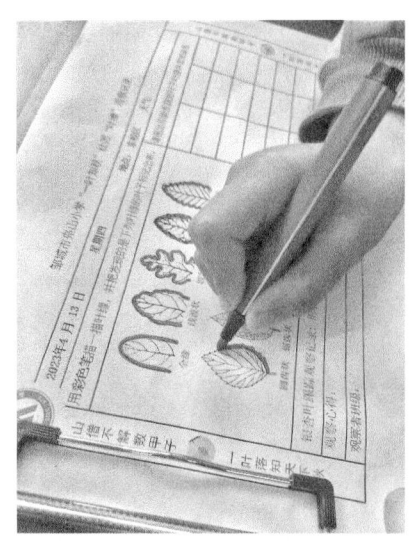

观察、记录、汇报、交流、写儿歌、唱儿歌,孩子们的心灵在校园中飞扬,这才是真正的学习!

(四)观察叶脉

叶脉是叶片上可见的脉纹,是叶片上粗细不同的维管束,分布在叶肉组织中起输导和支持作用。叶脉的内部结构随叶脉的大小而不同。它一方面为叶提供水分和无机盐、输出光合产物,另一方面又支撑着叶片,使之能伸展于空间,保证叶的生理功能顺利进行。(科普中国·科普百科)

"叶脉"教学内容的设计我们分为了两个部分,第一部分是认识叶脉形状;第二部分是认识叶脉作用。

"认识叶脉"部分主要是让学生体会叶脉的多样性,感受叶脉的丰富性。培养学生边观察边记录的习惯。

活动分为三个阶段，首先是室内教学，我们通过课件展示了各种不同形状的叶脉图，让学生明确叶脉的概念，激发学生观察叶脉的兴趣；让学生描绘叶脉，体会叶脉的形状，为室外观察做好准备。其次是室外观察，让学生以小组为单位，在规定的区域内观察，边观察边记录，最后撰写观察记录，交流观察发现。

大自然充满了神奇，当学生走进大自然，快乐模式便被开启，想象力也被观察激活，学生在观察后，往往能写出他们心中的诗歌。比如，有学生观察叶脉后，写出的诗歌为：

　　叶脉形状多又多，网状羽状最为多。
　　弧形射出和横出，好似放射花一朵，
　　掌状脉，叉状脉，弧脉，纵脉，平行脉，
　　千奇百怪惹人爱。

（五）观察托叶

叶柄基部、两侧或腋部所着生的细小绿色或膜质片状物，叫托叶。托叶通常先于叶片长出，并于早期起着保护幼叶和芽的作用。托叶分为托叶早落、托叶宿存、离生托叶、托叶刺、卷须托叶和托叶鞘等。（科普中国·科学百科）

通过对托叶的观察，培养学生观察细节的能力。教学时，我先让学生了解托叶概念，然后带领学生室外用放大镜观察托叶，最后汇报交流观察发现、体会或心得。

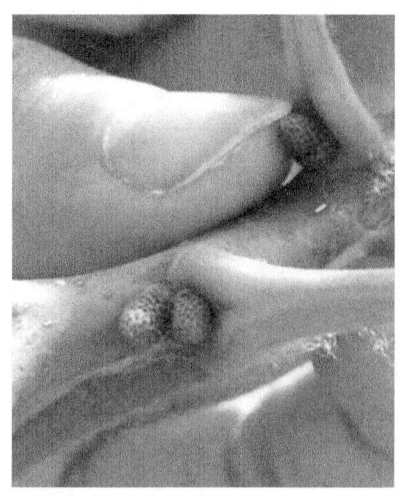

托叶在叶子的基部，有的退化成了针状，有的退化成了薄膜状，有的只留下一条痕迹，不容易观察到，但是因为同学们明确了观察的重点，知道托叶的具体位置，所以观察时仍有不少发现。在学生眼

中,托叶像翅膀、像小黑豆豆,像三角形,有的同学居然能把托叶和幼芽的关系比喻成妈妈和孩子。真是形象逼真,可见学生对关系把握之准,观察之细,想象之深!

(六)观察叶柄

叶片与茎的联系部分叫叶柄,其上端与叶片相连,下端着生在茎上,通常叶柄位于叶片的基部。叶柄的主要功能是输导和支持作用。叶柄一般呈圆柱形、半圆柱形或稍扁平,其形状随植物种类的不同而有较大差异。(科普中国·科学百科)

叶柄的教学目标主要是让学生通过观察了解叶柄有关知识,能在植物植株上辨认叶柄;通过摸一摸、量一量等方法,体会植物叶柄的多样性。

教学时,我鼓励学生用不同的方式描述他们对叶柄的理解。

第一次观察时,学生发现了叶子不同,叶柄也不同,发现了叶子叶柄的长短、粗细和颜色的不同。第二次观察时,我让学生准备了直尺、毛线和放大镜,两人一组,合作观察。在观察过程中又发现了很多以前没有观察到的现象,比如,叶柄有的是圆柱形的,有的有棱,有的粗,有的细。在校园内观察到的叶柄,最长的长10厘米左右,最短的长约1厘米左右;最粗的叶柄周长约2厘米,最细的叶柄周长约0.3厘米等。同学们还编辑了叶柄儿歌:叶子"胳膊"叫叶柄,长短粗细各不同。长的能达10厘米,短的也有几厘米。叶柄形状很丰富,大多都是长条形。叶柄颜色真奇特!赤橙黄绿青蓝紫。探索自然最快乐,发现奥秘易着魔。

观察自然,在自然中观察,激发了学生的学习积极性,激活了学生的想象力和创造力。

备注:夏季时间比较长,在跟随季节观察叶子的各部分名称的同时,我穿插教学了《叶之异同》、《叶哨》等内容。

三、秋天,观察黄叶

夏末秋初,叶子变黄了,《一叶知秋》校本课程进入到"黄叶翩翩"单元教学。

本单元教学内容包括《叶子黄了》《叶子即落》《叶子书签》和《叶子贴画》等内容。教学目标是通过观察、触摸、制作等活动,让学生了解叶子"黄"的原因以及"落"的道理;知道离层形成原因;会制作叶子书签;会灵活运用落叶贴画,贴出喜欢的动物、熟悉的植物和学过的古诗词插图等;培养学生的动手能力以及创新精神。

(一)叶子黄了

本节课的教学主要目标是让学生用对比的方法,通过观察落叶与"未落叶",知道落叶的特点,理解秋天叶子黄的原因,提高学生的观察能力,陶冶学生情操。教学时我穿插落叶诗教学,让课堂充满诗情画意,让学习成为了美的享受。

案例2-5:《叶子黄了》观察随笔

2016年11月17日,我带着学生第一次走出校门,脚刚踏出校门,欢乐写在脸上。居然自觉迈起了正步,同学们按照分组,井然有序地进行观察,认真地填写观察记录表,俨然像一个个小科学家在调研、分析、填表。学生观察到叶子有黄的、褐的、红的,还有黑的,当我问叶子的颜色为什么是黄的

时,学生回答说:"因为秋天来了,所以叶子黄了。"我继续追问:"为什么秋天来了,叶子就黄了呢?"学生说因为叶绿素减少,叶红素和花青素增加。"为什么叶绿素减少了呢?"学生回答:"夏天阳光充足,叶子很努力工作,到了秋天,气温低了,冷了,就像我们人一样,怕冷,就不努力干活了,叶绿素就慢慢褪掉了,叶黄素就渐渐显露出来了。所以,叶子也就变黄了。"

在观察交流分享时，学生的语言描述也许并不是很规范、很科学，但是，只要是他们自己观察得出的结论，我都给予认可和赞扬。

爱因斯坦曾说，提出一个问题往往比解决一个问题更重要。在观察中，学生提出了很多有价值的问题，比如"叶子为什么边缘先变色？""叶绿素褪掉了之后去哪里了？""叶子就是调色板，但为什么叶子颜色就只有这几种？""叶子为什么会干枯？"等问题，探究热情高涨。

通过实践我感受到，学生第一次走出校门，是多么兴奋！让他们开心很容易，就在于一扇"门"的距离。兴趣是认真观察的基础，认真观察是培养能力的开始。

叶子年年黄，观察也随着季节，随着岁月继续着。

2017年10月19日，我们又进行了"叶子黄了"的教学实践，季节变了，学生也变了，不变的依然是兴趣。学生在观察中不断有新的发现，新的发现对学生来说都是让他们惊奇的，而每一次的惊奇都是学生观察兴趣的延续和再次激发。

（二）观察"即落叶"

"即落叶"是即将落下的叶子。教学时，我首先室内指导，让学生知道了"如何判断"即落叶，如何填写"观察记录表"，对学生室外观察进行了要求；其次室外"触摸"，室外观察地点是校园东校区的几棵核桃树，核桃树的叶子呈现不同色彩，便于"即落叶"和"正常叶"的对比观察。学生观察后，组织学生分享交流。

学生在观察时竟然很快找到了"即落叶"，而且能看出"即落叶"颜色和弯曲的区别，真是让人兴奋。

当叶子即将落下时，秋季的"黄叶翩翩"单元教学也即将结束。为了让学生观察春天和秋天叶子的异同，对秋天叶子颜色形成整体印象，感受秋天叶子颜色的特点，体会叶子的丰富多彩，感悟生命的多姿多彩。2016年9月29日，我们增加了"秋天叶子颜色"观察活动。

观察后，我记录了当时学生的交流情况，现在读起来，还仿佛能听到孩子们叽叽喳喳的汇报声："我发现颜色不一样，红和黄的都有。""我发现叶子的形状变了，变鼓了，不像以前平平的了。""我发现叶子变得无精打采了,一碰就掉。""我发现一株植物,春天的时候顶上有红色的叶子,夏天的时候没了,现在又有了。""我发现,春天喜欢扎红色的蝴蝶结或带顶小红帽,秋天又扎起了红色蝴蝶结和小红帽!"多么形象的语言!

（三）叶子书签教学

当学生把一枚叶子捡起夹在书中,叶子即具有了书签的功能,这时候我便带领孩子们制作叶子书签。

叶子书签教学的主要目标是让学生充分利用落叶制作叶子书签,了解叶子书签的制作过程和方法,体会叶子的价值,进一步增强学生对叶子的热爱之情。

教学时,我播放《一叶知秋》课件之"叶子书签",让学生了解制作步骤和方法,然后带领他们捡落叶并观察落叶特点。

下面是制作叶子书签的教学步骤,供大家教学时参考:

1. 课前准备

学生准备：板夹、书一本、落叶一枚。

教师准备：制作书签资料卡、书本、叶子书签、课件、清水、吹风机等。

2. 室内教学

播放"一叶知秋"课件之"叶子书签",教师引领学生观察叶子书签,讲解制作步骤,演示制作方法,让学生明白制作后的"叶子书签"和一枚普通叶子的区别。

3. 室外观察

带领学生走出教室、走出校门,捡落叶并观察落叶特点。把落叶夹在书中,课下制作书签。

4. 把"制作过程"发到"一叶知秋社团群",让学生在家长的帮助下,利用周末户外捡落叶,制作书签,为"叶子贴画"积累素材。

叶子书签的制作,同时也是叶子标本的制作。叶子标本除了可以作为书签,也可以制作叶子贴画。

（四）叶子贴画教学

叶子贴画即以叶子为素材创作的图画。《一叶知秋》校本课程的叶子贴画内容主要包括五个系列，分别为动物系列、植物系列、科学系列、寓言系列和古诗词系列。

动物系列，即让学生贴出自己喜欢的小动物，比如蝴蝶、小鸟等；植物系列，即让学生用叶子素材贴出身边的植物，大树、小花等；科学系列，即让学生用不同形状的叶子贴出科学实验故事或实验示意图，比如，用叶子贴出"苹果为什么落地"和"瓶吞鸡蛋"等。寓言系列，即让学生把读过的寓言故事，用叶子变成图画，让寓言故事跃然纸上；古诗词系列，即用叶子贴出"小荷才露尖尖角"等古诗插图，达到诗中有画，画中有诗的艺术效果，从而培养学生欣赏美、感受美的能力。

为开展叶子贴画教学活动，我们在不同时期收集了不同形状、不同颜色的叶子作为叶贴画素材。"植物"类叶贴画重点放在了"叶贴花"教学上；"古诗类"叶贴画对学生来说有一定难度，我们精选一些简单的古诗，引导学生"贴"出插图。比如"两只黄鹂鸣翠柳"中的"黄鹂"，"曲项向天歌"中的"鹅"以及"鱼戏莲叶间"的"鱼"等。在教学"古诗词"叶贴画前先进行了"叶贴动物"教学。

在创作叶贴画过程中，学生深深体会到叶子的魅力。几片叶子一幅图画，几根树枝一片森林。小叶子大功用，小叶子大智慧，这才是真正的"一叶知秋。"

案例2-6：《叶子贴画》教学随笔

2017年12月28日，我教学生创作叶贴画。当我把一至六年级古诗以及插图用课件展示给学生看,要求他们用叶子贴出来时,学生边看边摇头:"太难了!""用叶子可以贴出'鹅'吗?一片叶子为身体,一片叶子做脖子。""这首应该可以吧,两只黄鹂鸣翠柳。"我一边播放课件,一边为学生讲,学生连说好。

"老师,给我一个椭圆形叶子!""老师,我要小鸟的头!""我没有小鸟的头,只有叶子。哈哈哈!"

"老师,眼睛贴不上,怎么办?"学生的问题很多。看似简单的贴画,对于三年级的孩子来说并不是很容易。

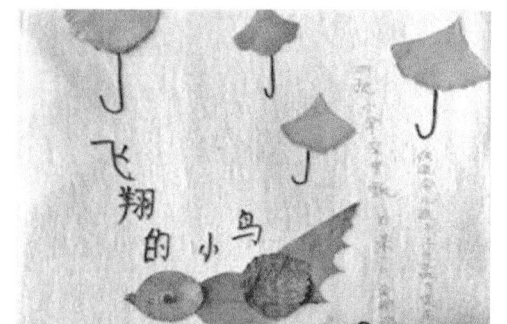

实践证明,教师对学生叶子贴画的要求不能过高,在学生头脑中除了有些简单的动物图像外,很少有关于画的整体印象。当然,有个别同学还是不错的,可以贴出小鸟打伞的图画。下雨的时候小鸟需要打伞,不得不说这是一个奇特的想法。(如上图)

四、冬天,观察落叶

秋天过去,落叶飘摇,《一叶知秋》课程进入到"叶落归根"单元教学。

"叶落归根"单元教学内容包括《叶子落了》《落叶姿态》《叶脉书签》《叶的一生》和《叶书古诗》。

本单元的教学主要目标是通过观察、触摸、制作、欣赏等活动,使学生了解叶子"落"的原因,会制作叶脉书签。通过用叶子书写古诗,体验叶子的魅力,激发探究欲望,使学生由叶的一生体悟人的一生,从而激发学生热爱自然、珍爱生命的情感。

(一)叶子落了

本节课教学的目标是观察落叶特点,使学生学会提出"为什么""怎么样"等问题,主动探究叶子落的原因。通过"落"字的由来,使学生了解叶落的含义,理解大自然中叶子生长的规律,体悟大自然的奥秘。教学时,我先引导学生观察落叶特点,然后带学生室外观察落叶。鼓励学生针对观察到的现象提出不同的问题,培养了学生的探究意识。

(二)落叶姿态

本节课教学的主要目标是通过引领学生观察落叶,使学生学会调查统计的方法,明白科学需要尊重证据的道理。

教学之前,我先举例说明叶子落下时,什么是"趴着"和"躺着";其次,引导学生猜想叶子落下时是"趴着"的多,还是"躺着"的多;然后带领学生分组合作调查统计;最后汇报交流。

下面是2017年11月9日我带领学生观察落叶姿态时的纪实,供大家参考。

案例2-7:"落叶姿态"观察随笔

2017年11月9日,阳光明媚,秋风习习,落叶少许,多而不叠。叶子趴、躺的姿态很悠闲,正是调查统计"落叶落下时趴着的多,还是躺着多"的好时机。我们明确了叶背、叶面后,一齐走出校门,调查叶子落下时的姿态。

学生边观察边记录,时不时跑来告诉我"老师,我发现趴着的多!""老师,我在那个地方发现躺着的也不少!""老师,这片是趴着吗?""看!这片是躺着的!"孩子们散而不乱,观察得非常认真。分享交流时有的学生说:"一共观察了85片落叶,其中叶面朝上的25片,叶背朝上60片。结论是叶子落下后大多叶背朝上,即大多趴着。"有的学生说:"一共观察了57片落叶,其中叶面朝上的21片,叶背朝上36片,结论是叶子落下后大多叶背朝上,即大多趴着。"还有的学生说:"一共观察了43片落叶,其中叶面朝上的16片,叶背朝上28片,结论是叶子落下后大多叶背朝上,即大多趴着。"还有的学生共观察了190片落叶,其中叶面朝上的50片,叶背朝上的140片。

"为什么呢？其他形状的叶子落下时也是这样的吗？"请同学们课下继续观察。

所有同学的观察结论都是落叶大多是趴着的。"落叶姿态"教学重点是让学生经历观察叶子的过程，培养学生的探究兴趣，正确答案对于观察能力、观察兴趣来说不是最重要的，尤其在答案不确定的时候，在教学实践时，我们没有轻易下结论，而是鼓励学生通过查阅资料或继续观察寻找答案。

在调研落叶姿态时，提醒学生把落叶捡起夹在书中，为"叶书古诗"做准备。

（三）叶书古诗

本节教学内容主要目标是引导学生把诗歌写在叶子上，让诗意和自然融合，对学生进行美的教育和熏陶。通过叶书古诗，让学生进一步感受叶子的神奇，进一步加深学生对叶子的喜爱，激发学生对大自然的热爱。

我们的教学具体步骤如下：

1. 教学准备

首先通过课件让学生了解，西汉以前，虽然没有发明纸，但是古人的书写材料依然很丰富，种类繁多。常见的有龟甲，兽骨，竹简，棉帛；也有石材、黄金、树皮、贝叶、黏土、羊皮、麋鹿皮、草和铁片。

2. 选择叶子和书写笔。

启发学生说出用于书写的叶子应该是大而比较结实的树叶，比如，枫叶、悬铃木叶、银杏叶等。书写时选择了笔尖儿比较软的笔，比如毛笔、签字笔和彩笔。

3. 书写内容的思考

书写内容选择了少且意义完整的名言警句或古诗词。

4. 装饰叶书

鼓励学生根据自己的兴趣喜好，简单装饰叶书。

5. 拓展

指导学生制作了一部分"叶书"作为节日礼物送给家人、同学或朋友。叶书内容是在实践过程中创生的,教学效果非常好。随着"叶书古诗"教学的结束,"叶"的四季生长变化接近尾声,于是我带领孩子们总结"叶子的一生"。

（四）叶子的一生

本节课的教学主要目标是回顾叶子一生的生长情况,使学生明白叶子一年四季不同的特征是温度差异造成的。通过引导学生回顾叶的一生将其和人的一生联系起来,对学生进行生命教育。

教学时,我们让学生回忆春、夏、秋、冬树叶分别是什么颜色的,总结后,教师提出问题：是谁让叶子的颜色一变再变,并且循环往复呢？通过分析,得出结论——温度。最后推荐阅读一本关于生命故事的书《一片叶子落下来》(美国·巴斯卡利亚著)。

第二节　跟踪观察银杏叶

《一叶知秋》观察的第一年,因为我们没有固定观察某一种植物的叶子,所以不能完整体现一个生命的生长过程,或者说不能严谨地呈现叶子四季生长的特点。为此,第二年,我们对同一种植物的叶子(银杏叶)进行了跟踪观察。

原以为让学生观察同一棵树的同一片叶子会使他们倦怠,事实证明,由于叶子在生长变化中,每次观察他们都有新的发现,所以每次观察都有新的惊喜。

一、银杏树活了

我和学生们一起在校园内栽了8棵银杏树苗,栽上银杏树的第二周,我们给银杏树苗浇水、培土、围院墙。说实话,我真担心银杏树苗是否能在老校区满地石头渣子的土地里安家。

栽上树的那几天,不断有学生问我："老师,我们的银杏树啥时候发芽啊？"我说："不着急,该发芽的时候它会发芽的。""老师,第一组的树木不知被谁拔掉

了!""老师,我们的树苗死了,树根的地方有蜕皮。"我想这回算是完了,树苗活不了了。

一天社团活动,我带着孩子们打算抢救银杏树,一看才知道,其实并不像孩子们说的那样,银杏树苗除了有点歪之外,还精神着呢。仔细瞧啊,我居然发现了一点点儿绿!"孩子们!快看!我们的银杏树活了!快发芽了!"我让学生用放大镜仔细观察,让他们互相交流观察的发现。我巡视着,指导他们如何使用放大镜,听他们说感受。"老师,我觉得银杏芽就像一个小小的山儿!""老师,我在放大镜里发现银杏芽苞中间有点绿,周围还有点黄,而且还有小毛毛。""老师,我觉得银杏芽苞就像一个个小苞米,站在枝头!"是啊!那就是芽苞!学生观察多么仔细,描述的语言多么准确!

我们的银杏树活了,发芽了!

二、芽苞长出来了

如果说发现小银杏树活了,让我们十分惊喜的话,那么发现银杏芽苞长出来了,则更让我们万分欣喜。

我们先是按照各组的分工,给银杏树苗浇水,然后用自带的手机、照相机拍照,边观察边拍。

"老师,我发现我们的小银杏树芽大了一点,更绿了!""老师,我发现小银杏树苗长高了!""老师,我发现银杏树苗顶端的芽苞最大!""老师,我发现了上次芽苞还有点灰不溜秋的,现在有点绿绿的了!"……

学生们观察嫩芽,我观察他们。银杏嫩芽是他们心中最美的风景,而他们是我眼中最美的图画。看着他们一个个认真兴奋的样子,我特别开心。观察了一段时间,我们汇总交流观察情况,孩子们争先恐后汇报观察发现。虽然他们的语言表达不是那么准确,描述也不是那么优美,但是,每句话都在表达他们通过观察获得的真实感受,在我听来,每句话都是那么悦耳动听。

通过连续三周观察嫩芽,孩子们喜欢上了嫩芽,我也喜欢上嫩芽。孩子们对银杏嫩芽的描述丰富多彩。他们说嫩芽有的像苞米,有的像竹笋,还有的像小山、士兵等;嫩芽颜色有灰色、棕色、嫩绿、淡绿、浅绿等;嫩芽气味有土味、黄瓜味、清香味等;嫩芽形状是弯曲的,像小船、像月牙等。

如果不仔细观察,连我们成年人对嫩芽的样子都不曾关注。观察着嫩芽,记录着成长。看着看着,嫩芽很快长成了叶子,银杏叶绽放了!

三、银杏叶绽放了

2017年4月6日,清明节过后的第一个周四,阳光明媚,花红草绿。我和"一叶知秋"社团的孩子们走出教室,走进校园,向我们的"银杏园"走去……

"老师!我看到银杏树发芽了!"快到银杏园时,学生已经发现了银杏叶了!上周还只是近瞧方可看到新绿,现在远观也可以了,孩子们怎能不兴奋?

"我们的树芽长出来了!真快啊!""我们的也全开了!""我们的银杏叶长了好多好多!"他们很惊奇,上周银杏叶还含苞待放,今天就真绽放了。惊奇的不仅仅是他们,还有我。过了一个清明节,沐浴了一场小雨,仿佛一夜之间它们把这几周积蓄的能量一下子迸发了出来。虽然,它们还羞涩地蜷曲着身体,害羞地依偎在一起,但是,它们毕竟是绽放了,以高昂的姿态迎接这个美丽的春天!

孩子们观察,我也跟着观察。穿梭于他们之间,适时地启发他们:"叶儿像什么?""像白菜!""还像什么?""像新生的竹笋!""像个士兵挺立!""像把雨伞!""像扇子!""像西兰花!""像扇子折起来一样!"……

通过学生的描述,我知道他们观察的是一簇嫩芽,即把一簇嫩芽作为整体进行观察的,这符合孩子们的观察特点——注重整体而往往忽略观察细节。随着观察的进行,银杏叶渐渐舒张开,变成了一把把小扇子。

2017年10月12日,我带着孩子们观察银杏叶的叶形,通过观察,每个学生对银杏叶的描述都不一样。

有的学生说:"银杏叶正看是三角形的,反过来看就像小裙子。"有的学生说:"银杏叶子像小扇子!"有的学生说:"银杏叶的形状中间有裂缝,像小蝴蝶的两个翅膀!"等。

慢慢地,"蝴蝶"的两个小"翅膀"边缘黄了,变成了"黄花蝴蝶",渐渐地,"蝴蝶的翅膀"全黄了,变成了"黄蝴蝶"。

四、银杏叶黄了落了

2017年10月19日,我们观察银杏叶时,学生发现银杏叶"边缘黄色,里面绿色。""中间有黄色的斑点!""叶子边缘黄绿相间!""靠近地面的叶子边上还有点红!"我问学生:"夏天我们观察的时候,银杏叶的颜色是绿色的,为什么现在变黄了呢?"学生说:"叶子里有叶绿素,夏天温度高,叶绿素生长旺盛,所以绿。秋天,温度有些低了,叶绿素生长慢了,叶黄素显现出来,所以变黄了。"

问题在观察中产生,在交流中解决。

银杏叶黄了不久就落了,我则引导学生把落了的银杏叶捡起,夹在书中。至此,银杏叶的"一生"结束了,我们跟踪观察银杏叶的活动也按下了"暂停键"。

附录:跟踪观察的银杏叶四季变化图片

2017年3月17日

2017年3月22日

2017年3月30日

2017年4月6日　　　　　　2017年4月13日　　　　　　2017年4月20日

2017年4月27日　　　　　　2017年5月4日　　　　　　2017年5月11日

2017年6月1日　　　　　　2017年6月8日　　　　　　2017年6月15日

2017年9月29日　　2017年10月12日　　2017年10月19日

2017年10月26日　　2017年11月16日　　2017年11月23日

第三节 "一叶知秋"社团活动组织策略

《一叶知秋》校本课程的实践阵地是"一叶知秋"社团。社团教学以叶子生长的时间顺序安排活动内容，教学时，采用课内外结合的方式，一般是学生课内学习有关知识，课外进行观察实践验证。

主要实施策略如下：

一、表格规范

观察记录表在学生观察过程中起到"引领"和"指导"作用,引领学生聚焦观察重点,指导学生养成边观察边记录的好习惯。

根据观察的内容需要和观察重点,观察记录表主要分以下几种类型:

(一) 记录型

下表是设计的"一叶知秋"泥塑叶形作品的观察记录表,本表兼顾"记录"和"评价"两方面功能,中间空白区域为学生作品区,学生在此创作泥塑叶形作品。最下面一行是评价区,包括自我评价、同伴评价、老师评价、家长评价等内容,体现评价主体的多元化。我们根据学生作品情况,在表格下方相对应的"○"中画出不同的表情符号,以表示对学生作品的关注和评价。

邹城市凫山小学"一叶知秋"社团活动之"泥塑叶形"记录表

山僧不解数甲子 一叶落知天下秋	观察时间: 地点: 观察者姓名:	山僧不解数甲子 一叶落知天下秋
	自我评价○ 小组评价○ 老师评价○ 家长评价○	

(二) 绘画型

"绘画型"观察记录表即是让学生把观察的叶子画下来,融记录、感悟和评价为一体。"我想说的话"鼓励学生书写观察体会或通过观察提出问题。

邹城市凫山小学"一叶知秋"社团活动之"春天叶颜"观察记录表

观察时间：	地点：	观察者姓名：
请同学们把观察到的叶子轮廓画下来，并涂上或写出叶子颜色。		
我想说的话（发现、问题或其他）		
自我评价〇　　小组评价〇　　老师评价〇　　家长评价〇		

（三）标注型

"标注型"记录表即让学生把观察的情况在表中标注出来。比如观察叶子的叶尖、叶脉、叶形时，把叶尖图、叶脉图和叶形类型图直接呈现在记录表中，学生可以把观察到的某种类型的叶形或叶尖直接在表中标注，方便简单，节省时间，便于在室外观察使用，学生很喜欢。

邹城市凫山小学"一叶知秋"社团活动之"校内外叶形"观察总结表

时间：	地点：	天气：	观察者姓名：
请在下面的"叶形"中标出你已经发现的叶子形状。			画出你新发现的叶子形状并命名。
针形　披针形　倒披针形　条形　剑形　圆形　矩圆形　椭圆形			
卵形　倒卵形　匙形　扇形　镰形　心形　倒心形　肾形			
提琴形　盾形　箭头形　戟形　菱形　三角形　鳞形			
我想说的话			

备注：随着学生观察兴趣的提高，观察习惯的养成，表中去掉了"评价"环节。

（四）指导型

"指导型"观察记录表即是指导学习表，设计表格时把相关概念以及观察重点等直接在表中呈现。比如观察"即落叶"时，在记录表中设计了"即落叶"的概念和观察重点，便于学生理解概念，聚焦观察重点。

邹城市凫山小学"一叶知秋"社团活动之"即落叶"观察记录表

时间： 年 月 日 地点： 天气： 观察者姓名：				
观察重点思考：我们把即将落下的叶子叫作"即落叶"。认真观察"即落叶"颜色、形状发生了什么变化？思考为什么？怎样根据叶子颜色判断是否"即落叶"呢？请同学们轻轻触摸，注意轻轻的哟！				
即落叶	颜 色	形 状	重 量	……
我的问题				
我想说的话				

（五）综合型

"综合型"观察记录表融"记录"和"随笔"为一体，适合分层教学使用。综合型观察记录表在"观察笔记"的呈现形式上，允许学生从"文字""图画""图片""PPT"等众多方式中选择自己喜欢或擅长的方式进行记录。

综合型观察记录表板块设计划分为四个区域，第一个区域是"随看随记"区域，即小方格区域，方便学生观察时随机记录；第二个区域是观察笔记"文字书写"区域，即横格子区域，方便学生书写观察心得；第三个区域为观察笔记"图画区域"，即空白区域，供善于绘画的同学使用；第四个区域为"教师心语"区域，即教师为学生书写评语的地方。如下表：

邹城市凫山小学"一叶知秋"社团活动之"叶形（叶子真美）"观察记录表

	观察时间：		地点：		观察者姓名：	
山僧不解数甲子　一叶落知天下秋	叶子形状					山僧不解数甲子　一叶落知天下秋
	叶子大小					
	其他					
	观察笔记记录方式（请圈出你喜欢的方式）					
	文字	图画	图片	ppt	其他	
					教师心语：	

观察表格是学生观察时的依据，也是培养学生观察习惯的主要途径和方法，观察记录表是生成的，我们根据观察内容和学生特点不断进行了修改完善。

二、师生共写

共读共写才有真正的共同生活，共读、共写、共同生活是过一种完整而幸福的教育生活的必由之路，共读、共写、共同生活需要身体力行。（《新教育年度主报告》）

在"一叶知秋"社团活动中，我坚持与学生共写观察日记或随笔，阅读学生的观察日记或随笔并及时分享，共写观察日记促进了观察活动的持续进行。

案例2-8：师生共写观察日记之"叶子分裂"

【学生日记】

课堂上我问老师，有的银杏叶叶子为什么是分裂的？老师让我回家上网查。我查的结果是："与其祖先有关，银杏的化石叶就是全裂的。"

【教师日记】

这是詹详聪同学在"观察日记"中写到的。其实，开始我对银杏叶子全裂的原因也不是很了解,通过学生分享查阅的资料我才知道的,这就是教学相长。但是,仅从网络上的一句话就能确定这是正确答案吗?我想还需要进一步取证。

【学生日记】

今天,我看到了活化石,真开心,没想到看见了银杏叶!

【教师日记】

学生在观察中有很多的"没想到",恰恰是"没想到",正是学生的求知欲得以保护的源泉。"没想到"背后的惊喜和好奇心对儿童来说是多么珍贵!

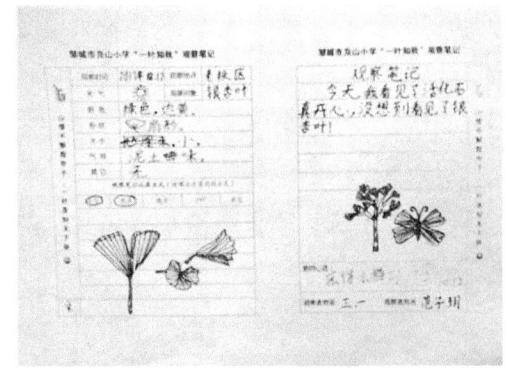

我喜欢读孩子们写的"观察日记",因为文字中跳跃着他们的童心。正是因为童心的存在,一片叶子才变得魅力无穷!我感谢他们的观察记录给我留下了宝贵的教育财富。从一张张记录表中,从字里行间里,我总结出很多教育教学规律和方法,生发出很多教育教学情感和创编校本课程的策略。

通过阅读学生的观察日记和教学随笔,我知道了学生观察叶子后,先让学生分享,再让学生写观察日记,更符合学生的观察认知规律;我明白了,如果把一个人的观察日记放在一起阅读,从中可以看出银杏树生长的全过程;我知道了,学生把破坏他们小树苗的人当"凶手",他们绝不会当凶手了,这就是观察中生命教育的启蒙;我知道了,美育是在观察美好的事物中养成的;我知道了,好奇心驱动观察持续,持续观察持续激发好奇心;我知道了,学生会用形象语言描述他们的观察,仔细的观察可以促进学生的语言表述能力提高;我懂得了,生活中的美只有在观察中才能发现和体会,大自然是天然的美术师,大自然是最好的美育课堂!我懂得了,每个孩子的观察能力不同,不管观察结果如何,只要学生认真观察了,慢慢就会养成观察习惯,习惯比知识更重要……

总之,读观察日记知教学策略;读观察随笔,可以走进学生心灵。我突然发现,原来学生比我们教师想象的要可爱得多!

三、分享评价

分享评价是"家校共育"的方法和途径。是我们在实践过程中生成的评价方式。在《一叶知秋》校本课程实践过程中,每次活动后,我们都会及时把学生参加活动的情况做成美篇分享给家长,家长扫描二维码即可了解活动具体情况。当学生在美篇中看到自己的身影,他们非常开心。

案例2-9:分享评价《嗅到泥土的芬芳》

附:"一叶知秋"社团简介

"山僧不解数甲子,一叶落知天下秋。"一叶知秋社团会跟随季节,带领学生走出教室,走进自然,观察叶子的四季变化。春季,观察"嫩芽含苞",感悟生命之初的无所畏惧;夏季,观察叶子的"绿意盎然",体会生命的生机勃勃;秋季,观察"黄叶翩翩",体悟生命的多姿多彩;冬季,探究"叶落归根",感悟生命积聚力量,涵养智慧的生命本质。"落红不是无情物,化作春泥更护花。"一叶知秋、见微知著,如果你喜欢自然,喜欢观察,一叶知秋社团欢迎你!

第三章
《一叶知秋》校本课程开发策略与思考

> 草荣识节和，
> 木衰知风厉。

一叶知秋，见微知著。本章根据《一叶知秋》课程特点讲述其研发过程与思考，阐述校本课程开发策略。

第一节 "活"课程

课程设计的魅力在于其生成性，创编过程的生成性决定了《一叶知秋》校本课程一直在"生长"，始终是"活"着的。

那么，如何开发"活"课程呢？现结合《一叶知秋》课程创编过程，概括为以下几点：

一、让课题"变"课程

在教学实践中，课题研究结题并不意味着课题研究的结束，而是一个新的开始，我们可以将课题研究的成果转化为课程。

在《一叶知秋》校本课程创编过程中，我们申报了山东省济宁市教育科学"十三五"规划2019年度课题：《基于"一叶知秋"校本课程拓展资源开发实施研究》。在课题研究中，我们把课题变成了课程。

通过课题研究,我们开发了"长在古诗里的叶子""藏在古诗里的种子""结在古诗里的果实"和"埋在古诗里的根"等小课程。每个小课程犹如复叶上的每片单叶一样,让"叶"的内容更加丰富。小课程编排内容包括资源选择目的,使用建议和相关诗词,方便教师在教学实践中随机选择使用。

如"长在古诗里的叶"资源情况如下:

【资源选择目的】

从部编小学语文教材中选择关于"叶"的古诗词,将传统文化吟诵、古诗词学习以及对大自然的观察相互结合,让学生在诵读古诗词的过程中学习植物知识,感悟叶的神奇和古诗词的魅力,将热爱自然教育和传统文化教育融为一体。引导学生观察身边的叶子,利用网络,通过查阅资料了解叶子的食用价值,培养学生的信息处理和综合运用知识能力,对学生进行传统文化教育。

根据《一叶知秋》四季观察的特点,也可把"叶"渗透到语文学科教学中,进一步理解"叶"的四季特点以及叶与诗,叶与词之间的融合,实现自然和人文的融合、为叶子赋予文化内涵,使古诗展现出自然气息。

【资源使用建议或教学流程】

1. 带领学生吟诵部编版小学语文教材中关于叶子的诗词。
2. 引导学生交流古诗词中叶子的形状、颜色、叶缘和叶脉等特点。
3. 根据当地环境,带领学生室外观察叶子,并引导学生提出问题。
4. 拓展知识,介绍叶子在古诗词里的意象或与之相关的故事等内容。

教学时可根据所选择诗词的年级组织观察活动,并针对该年级学生的学习特点设计相关问题。

【相关古诗】

1. 江南 (汉乐府)

　　江南可采莲,莲叶何田田,鱼戏莲叶间。
　　鱼戏莲叶东,鱼戏莲叶西,鱼戏莲叶南,鱼戏莲叶北。

(选自部编版小学语文教材一年级上册)

2. 池上　唐·白居易

　　　　　　小娃撑小艇，偷采白莲回。
　　　　　　不解藏踪迹，浮萍一道开。

　　　　　　　　　　　　（选自部编版小学语文教材一年级下册）

3. 小池　宋·杨万里

　　　　　　泉眼无声惜细流，树阴照水爱晴柔。
　　　　　　小荷才露尖尖角，早有蜻蜓立上头。

　　　　　　　　　　　　（选自部编版小学语文教材一年级下册）

4. 晓出净慈寺送林子方　宋·杨万里

　　　　　　毕竟西湖六月中，风光不与四时同。
　　　　　　接天莲叶无穷碧，映日荷花别样红。

　　　　　　　　　　　　（选自部编版小学语文教材二年级上册）

5. 赠刘景文　宋·苏轼

　　　　　　荷尽已无擎雨盖，菊残犹有傲霜枝。
　　　　　　一年好景君须记，正是橙黄橘绿时。

　　　　　　　　　　　　（选自部编版小学语文教材三年级上册）

6. 采莲曲　唐·王昌龄

　　　　　　荷叶罗裙一色裁，芙蓉向脸两边开。
　　　　　　乱入池中看不见，闻歌始觉有人来。

　　　　　　　　　　　　（选自部编版小学语文教材三年级下册）

【莲叶知识】

叶子名称：莲叶。

叶形：叶盾状或圆形，表面深绿色，被蜡质白粉，背面灰绿色，呈波状。叶柄圆柱形，密生倒刺。

【荷叶百科】

问题：为什么水珠在叶面上滚动并能带走灰尘，而且水不留在荷叶表面？

荷叶的表面附着无数个微米级的蜡质乳突结构，用电子显微镜观察这些乳突时，可以看到在每个微米级乳突的表面又附着许许多多与其结构相似的纳米级颗粒，科学家将其称为荷叶的微米-纳米双重结构。正是具有这些微小的双重结构，使荷叶表面与水珠儿或尘埃的接触面积非常有限，因此便产生了水珠在叶面上滚动并能带走灰尘的现象，而且水不留在荷叶表面。

总之，课题变课程的策略是用课题研究的成果指导学生观察活动，然后把观察活动经验提炼为课程资源，再用课程资源指导学生实践的过程。

二、让课程"生"课程

经过《一叶知秋》校本课程的研发实践，我体会到课程是在课程创编的过程中完成的，随着研究的深入和实践的深化，一个问题会引发一连串的小问题，而将每一个小问题的解决方案付诸实践，其实积累起来就是一门课程。

（一）解决问题即生成课程

在学生观察叶子时眼睛不会仅仅定格在叶子上，他们也会被鲜艳的花儿或其他事物所吸引。那么，如何尽可能满足所有学生的好奇心呢？于是，我研发了"开在古诗里的花"等一系列小课程作为拓展资源，在观察叶子时适当穿插教学。

具体内容如下：

【课程简介】
"开在古诗里的花"按照一年四季开花的顺序从部编小学语文教材中选择了11首古诗，在教学实践中，我们跟随季节变化在观察叶子的同时观察花，有时也单独教学，满足了不同学生的观察需求。

【教学参考建议】和语文教学整合，教学过程中融入花的知识。

【课时教学】6课时

【适用年级】小学一至六年级

【内容来源】义务教育人教版小学语文教材和部编小学语文教材

【代表诗词参考】

1. 正月梅花香又香

代表诗词：梅花　宋·王安石

2. 三月桃花连十里

代表诗词：大林寺桃花　唐·白居易

3. 六月荷花满池塘

代表诗词：小池　宋·杨万里

4. 八月桂花满枝黄

代表诗词：鸟鸣涧　唐·王维

5. 九月菊花初开放

代表诗词：赠刘景文　宋·苏轼

6. 十二月寒梅雪里藏

代表诗词：杂诗　唐·王维

（二）拓展资源即生成课程

因课程的内容是不断生成的，所以课程资源也在不断丰富。我们在创编课程时，选择一个已有的课程为基础，通过深入挖掘和提炼，生发新的课程。

在《一叶知秋》校本课程获得山东省精品课程以后，我们对该课程的课程内容进行进一步研发，创编了"诗经里的叶"这门新课程，作为《一叶知秋》的拓展资源。从《诗经》里选择了荠、莪、苞、杞、榖、桑、松、苹、蓬、葭、茨、芄兰、莕等15种植物，以"文本节选→叶子特点→植物价值"的顺序呈现。

如"诗经里的叶"课程之"荠"素材：

【文本节选】谁谓荼苦？其甘如荠。宴尔新昏，如兄如弟。（节录《邶风·谷风》）

【叶子特点】

荠菜是一年或两年生草本，高10～50厘米。基生叶呈莲座状，羽状分裂，长可达12厘米，宽2～5厘米，裂片3～8对儿，浅裂或不规则，粗齿缘或近全缘。

【植物价值】

荠菜嫩枝,风味特佳,有"野菜中的珍品"之誉,果实呈倒三角形或倒心形,肉吃多了,可吃荠菜来清涤肠胃,故又有"净肠草"一名。

"诗经里的叶"课程里的其他植物呈现方式同上。这样设计的目的在于让学生在跟随四季观察植物叶子的过程中,了解《诗经》里的相关内容,通过将自然观察和传统文化相结合的方式,培养学生的科学素养和人文情怀。

三、让观察"生"课程

观察是创新《一叶知秋》课程资源的有效途径。例如,有一天,我观察到有些叶子特别大,有的叶子特别小,于是我创编了"叶子大小"课程素材。在触摸叶面时,我感受到有的叶子叶面光滑,有的叶子叶面粗糙;有的叶子厚,有的叶子薄。于是我又创编了"叶面质感"和"叶子厚薄"课程资源。

观察不仅创编了课程资源,还让资源更加科学。比如,在编辑叶脉资源时,原为"观察下面叶子的叶脉,发现了什么?"改为"观察下面的叶子,你发现了什么?"让学生先观察到"线条"再讲解"叶脉"概念,这种改变是我在观察叶子时,观察到如下叶子叶脉时的灵感:这种开放性问题更符合他们的认知规律。

 观察下面的叶子,你发现了什么?

    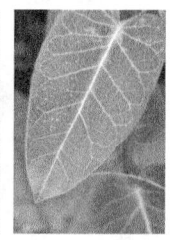

观察让课程资源更科学,观察也为课程资源注入了新的活力。

2017年6月23日,我意外发现了红叶石楠上长出了新叶!槐树也有新叶长出,野草也是如此,于是我总结出"嫩芽不仅春日有,夏日也有嫩芽生。"基于这个发现,我对《一叶知秋》课程中"嫩芽含苞"部分的教学内容进行了修改,在"春天叶颜"部分,我以问题的方式引导学生:"春天嫩芽萌发,那么夏天还有嫩芽生吗?"让学生在春天带着问题去观察,期待在夏天解决问题。

案例3-1:《春天叶颜》素材片段

春天的叶子颜色为什么大多数是浅绿色或黄绿色?春天嫩芽萌发,夏天还有嫩芽生吗?请同学们带着问题继续观察。

《一叶知秋》课程的魅力在于其生成性和不确定性。正是由于叶子的多样性,以及众多不确定因素,我和学生在观察的过程中,才会不断发现新的问题,不断解决新的问题。学生观察能力和解决问题的能力也在这个过程中,不断得到提升和发展。

四、让实践"生"课程

课程资源由于创生和完善而更加真实,而真实的实践则让课程资源焕发勃勃生机和活力。

在一次引导学生观察落叶姿态时,有个学生问:"老师,您看!这片叶子是坐着的!"学生的发现使我意识到,把落叶的姿态仅定义为"趴着"和"躺着"是不够严谨的。因此,在第二年观察落叶姿态时,我把原有的素材题目由"落叶为什么趴着的多?"修改为更为开放的"落叶姿态"。再如,在引领学生跟踪观察银杏叶时,有的学生问我:"老师,我们每次都观察银杏叶吗?"他的问题让我知道了,只观察银杏叶是不能满足所有学生强烈的求知欲和好奇心的。于是,在设计学生观察活动时,我把观察活动分为两个层次:一是集体观察,主要关注银杏叶;二是"自由观察",即学生自由观察他们喜欢的其他植物。

案例3-2:学生实践观察日记《观察银杏树叶和核桃叶》(2017年10月19日)

今天,我们又观察了银杏树叶,我发现它比上周又高了许多,树叶的外圈变成棕色了,也有了许多小裂缝,形状又成了裙摆形,十分漂亮。

接着我们又观察了核桃树,核桃叶的颜色比银杏叶多多了,有黄色、橙色、绿色、棕色……

五、让书籍"生"课程

校本课程的研发需要专家的引领和指导,而我的"专家"主要是书籍。为了编辑《一叶知秋》课程而读书,从书中我明白了什么是课程,读懂了"一片叶子"和"一叶知秋"的价值,拓展了课程内容,深化了课程文化。

(一)读书,让我理解了课程本质

案例3-3:读《校本课程开发的实践与思考》随笔(节选)(2015年8月21日)

为了全面了解关于校本课程的一些理论和实践情况,我从网上购买了山东省东营育才学校张广利编著的《校本课程开发的实践与思考》这本书,书中全面介绍了校本课程开发的意义、开发理念的支撑、实施的过程以及关于实践的思考,还有一些课程开发案例。具体内容我已经记不清了,但是读完了这本书,我对校本课程的认识更加深刻了。

校本课程是国家课程、地方课程的补充;校本课程是为学生量身打造的课程;校本课程是注重差异教育的课程;校本课程是培养学生个性特长的课程;校本课程是学校自主开发实施的课程;校本课程的开发实施是一个动态的工程;校本课程的开发实施是一个系统的工程;校本课程可以通过国家、地方课程的校本化实现,也可以改编国家课程、地方课程;校本课程种类繁多,凡事皆可为课程,只要形成系列,只要学生喜欢,有利于学生的发展。

以上文字,都是我的个人体会,而不是摘抄。反思《一叶知秋》课程研发实践的过程,我发现《一片叶子落下来》这本书一直是我的"老师"。

(二)读书,坚定了我研发叶子课程的信心

"既然我们都要飘零落下,干吗还要生长在这里呢?""是为了享受太阳和月亮,是为了一起过那么长的一段快乐时光,是为了把影子投给老人和孩子,是为了让秋天变得五彩缤纷,是为了四季,难道这还不够吗?"(《一片叶子落下来》)

这是《一片叶子落下来》中的一段话,多么美的一段话,这段话是关于"人为什么活着"的最美最好诠释。一片叶子落下来,是关于生命的故事。春天过去了,夏天也会来。夏天过去了,秋天也会来。秋天过去了,冬天也会来。当一片叶子由叶芽渐渐长大,在夏天为人们遮荫、扇风后,在秋天又披上了五彩的衣服,当冬天的寒风无情地把同伴拽下大树时,它也很害怕,它也害怕死亡,因为它不知道死后是怎样的。可是,在它经历了风霜之后,当风吹它时,它却感觉很温柔,一点感觉不到疼。风把它请下大树,它第一次看到了大树的伟大雄壮,它很自豪,因为它知道它是那棵大树生命的一部分。

观察叶子不仅能让学生了解了叶子的价值,养成了良好的观察习惯,满足了学生与生俱来的好奇心和求知欲,而且让他们从一片叶子的一生,体悟关于生命的意义。

读《一片叶子落下来》让我确定了课程的生命教育价值,进一步坚定了我研发叶子课程的信心。

通过读书我体会到专业阅读,对照观察,结合实践创编校本课程是行之有效的方法。

六、让学生"写"课程

在课程开发的过程中,我深深体会到学生不仅是课程的学习者,也是课程的开发者。由于学生的加入,让《一叶知秋》课程充满了生命和活力。

学生平时的做法给我很多启发,我在学生的启发下创生了很多新的课程素材,比如"泥塑叶形"课程素材就是在学生的启发下创编的。

2016年5月21日,几个学生把用橡皮泥捏的蚂蚁模型给我看。看到活灵活现的蚂蚁模型,我想到让学生用橡皮泥捏出不同形状的叶子,在捏叶形的过程中加深对叶子形状的认知。

另外,学生在观察时常常提出一些问题,根据学生的问题我又创编了很多课程素材,比如"新老叶的异同"素材。

案例3-4:学生的观察日记《为什么松树的叶子掉得最少呢?》(2017年11月2日 星期四 晴)

今天,我们去校外观察一些落叶。落叶的形状不一,颜色不一,大小不一,有的像三角形、多尖形,颜色大多是黄色的,大多的叶子都是大小适中的,有一种树的叶子落得最少了,你知道是什么吗?答案就是松树。不过我也想提一个问题,为什么松树的叶子掉得最少呢?

"为什么松树的叶子掉(落)得最少呢?"学生的问题启发我思考,通过查阅资料,跟踪观察,我知道了常青树"常青"的秘密是新老叶无缝隙交接班的结果,从而创编了"新老叶的异同"课程素材。

七、让活动"促"课程

活动是推动课程实施的催化剂。在2016年6月1日的"六一"游园活动展示中,我们展示了"一叶知秋"课程成果,调动了学生和家长的积极性,促进了家校合作,推动了校本课程的实施。

2016年12月17日,我让学生用叶子贴画参加市里举办的创客比赛。我们利用双休日准备树叶,做了很多树叶标本。在我看来,多一片不同形状的叶子,学生的思维就会多打开一点点;多一片不同颜色的叶子,学生的思路也就会打开多一点点,结构性的树叶是启发学生思维的材料。比如,椭圆形的叶子可以作为小鸟的"头"或动物的"身体";扇形的银杏叶可以作为蝴蝶的"双翼";掌形的五角枫叶可以作为金鱼的"尾巴";条形的柳叶可以作为小银鱼或蝴蝶的"身体"等。就这样,在准备创客活动的过程中催生了"叶子贴画"课程素材,叶子贴画从此成了孩子们最喜欢的活动之一。

八、让素材"变"资源

素材在观察中积累,灵感在积累中产生,课程素材在整理中完善,而系统的素材即课程。比如,我在网络上搜索到了"木叶声声"素材,感觉用叶子吹出来的声音悦耳动听、清脆脱俗,带有乡土气息,于是把"木叶声声"编辑成了"叶哨"课程资源;又比如,根据我搜集到的叶子卡通图片素材,想到了参照小学科学教材的编排思路,用卡通图引领教材内容,使教材内容更富有童趣,等等。

适当的活动,让课程由素材变成实践,实践让课程从书本走向生活,从而让课程"活"了起来。

第二节 "融"课程

所谓"融课程"是在跨学科学习理念的指导下,对各科知识进行有机整合,以培养学生综合运用知识的能力和核心素养的课程。

融合不是"拼盘",不是"你是你,我是我。"而是"你中有我,我中有你。"相互融合在一起的知识起到了互相促进的作用。

一、《一叶知秋》与小学语文学科融合

《一叶知秋》和语文学科的融合主要体现在观察日记的撰写上。在《一叶知秋》实践过程中,我一直要求学生写观察日记,学生的每一篇观察日记都是一篇优秀的观察小习作。

案例3-5:创编"融"课程《银杏叶颜色又变了》(2017年10月19日)

今天,我们又观察了银杏树。我发现银杏树的颜色又变了,原来是绿黄色的,现在最外一层是棕色,中间是黄色,里面是绿色的;形状也变了,原来是两三个叉儿,现在却有四或五个,而且银杏叶也增添了许多新的成员——叶宝宝。

(邹城市凫山小学 五年级二班 王鹿鸣)

在以上案例中,学生能用对比的方法写出了叶子的"变化"。观察日记的书写,不但促进了学生观察习惯的养成,同时也提高了学生的写作水平。类似的例子还有很多,不再一一枚举。

二、《一叶知秋》与小学数学学科的融合

在《一叶知秋》课程素材的编辑中,我们综合运用了很多数学思维方法,引导学生从不同侧面、不同角度观察叶子,从而体悟叶子的多样性。同时,把数学测量工具运用到学生的观察活动中,效果很好。

比如在《叶子大小》教学资源中,我们要求学生使用"面积单位""长度单位"测量叶子的大小,提倡学生用手掌估测叶子的大小等。

案例3-6:创编"融"课程《叶子大小》课程资源片段

用面积单位、直尺或手掌估测叶面的大小。

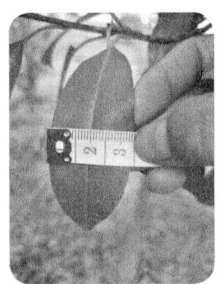 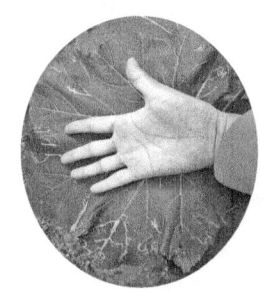

三、《一叶知秋》与小学思想品德学科融合

生命教育价值是《一叶知秋》校本课程的核心理念。(这部分内容在第四章阐述)在实践中,我们结合叶子的生长特点对学生进行了思想教育。

2020年4月28日,我观察到夏至草的叶子和花像宝塔一样层叠,每层数朵小白花组成的花环中,都会伸出来一对叶子,上下层错开一个直角。这种交错上升的结构,让它的叶子能够充分享受阳光。还有一种苦菜,形似小提琴(如右图),"小提琴"生长方向相背,也是为了不遮挡彼此的阳光。

我利用叶子"为了不遮挡彼此的阳光"的生长特点,向学生渗透"为他人着想"的教育理念,效果很好。

四、《一叶知秋》与小学科学学科的融合

《一叶知秋》校本课程是小学科学学科的拓展课程,是对小学科学教材中关于叶子内容的拓展和补充。在教学中,这种补充不仅限于叶子知识,也

包含科学实验。

比如,在《叶脉本领》教学资源中,让学生课前准备小刀、放大镜、红墨水等实验材料。教学时先引导学生猜想叶脉的本领,然后做实验验证,最后总结概括。"问题→猜想→实验验证→总结"的教学步骤与小学科学实验教学步骤一致。

案例3-7:叶脉作用实验方案(节选):

实验目的:叶脉输导水分

实验材料:叶片(带叶柄)、红墨水、滴管、带胶塞的放大镜等。

实验步骤:

  1. 在带胶塞的瓶子里倒入清水,用滴管滴2至3滴红墨水。

  2. 用打孔机在胶塞上打孔。

  3. 把叶柄自孔中插入瓶中,让叶柄充分浸入水中。

  4. 把插入叶子的瓶子放在阳光下3至4小时。

  5. 横切、纵切叶子叶脉,观察现象。

实验现象:

实验结论:

五、《一叶知秋》与信息技术学科的融合

《一叶知秋》的"分享评价"方式,即把学生参与"一叶知秋"社团活动的情况用美篇全面展现,然后生成二维码通过钉钉群分享给家长。

二维码的使用极大地方便了学校和家长的沟通,客观上保障了"一叶知秋"社团活动的顺利开展,提高了学生参与活动的积极性。

六、《一叶知秋》与小学美术学科的融合

《一叶知秋》校本课程和国家课程美术学科的融合体现在各个方面,比如,学生在观察记录时可以画出叶子的形状、叶脉等,学生还可以用叶子制作叶贴画等。

《一叶知秋》和美术学科的融合，让美育和叶子紧密联系在一起，不仅叶子本身的美对孩子是一种熏陶，观察的过程也是美的。从学生的观察日记里还可以折射出美育的效果。

案例3-8：观察日记《一切都是那么美丽》（2017年4月6日）

今天，我们又观察了银杏树。我们把小树苗移了位置，虽然树变矮了，但是发芽了！就像把雨伞，美极了。我们还观察了周围的花朵，都已经绽放了。蜜蜂在花丛中采蜜，蝴蝶也在自由自在地飞来飞去，一切都是如此美丽呀！

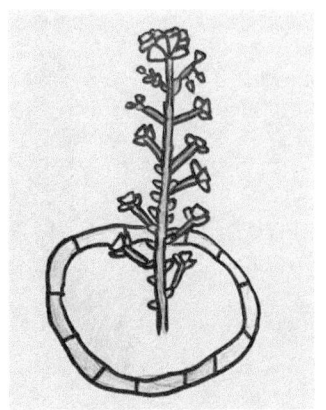

七、《一叶知秋》与小学音乐学科的融合

叶子可以作为乐器，吹出动听的音乐。

2016年11月3日，我带领学生用葱叶子做哨子，吹出了动听的音乐，至今我仍记得学生用叶子吹出声音时的喜悦："老师，我吹出声音来了！""老师，我也吹出声音来了！""老师，我发现了一个秘密，细葱叶吹出的声音比较尖，粗葱叶吹出的声音很粗！"

案例3-9：《叶哨》教学素材片段

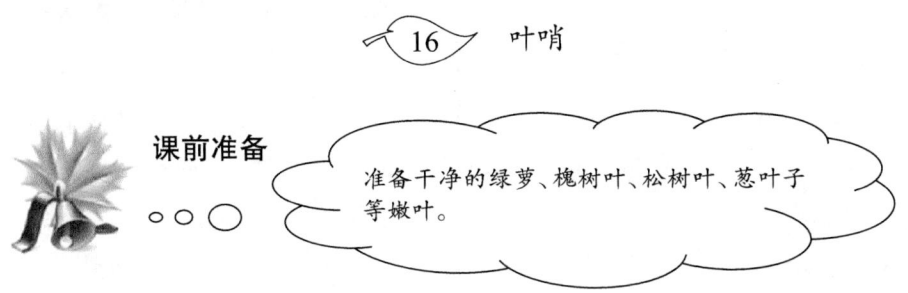

16　叶哨

课前准备

准备干净的绿萝、槐树叶、松树叶、葱叶子等嫩叶。

同学们,想不想用树叶吹出美妙的声音?用树叶做哨子,吹出来的声音清脆脱俗,悦耳动听。

葱叶　　　　　　　　　　绿萝叶

八、《一叶知秋》与小学地方课程传统文化的融合(古诗词)

《一叶知秋》不仅融合了语文、数学、科学、美术、音乐、信息技术等课程,而且把古诗词融入了课程的开发和实施过程之中。

在编辑《一叶知秋》素材时,我用不同季节关于叶子的诗词帮助学生初步了解叶子的基本特点;在具体观察中,我引用诗词让学生了解叶子的生长情态。诗词让观察更具有诗意,观察让诗词的意境形象再现于现实,两者相互印证,相互诠释,妙不可言。

比如,在观察柳树嫩芽时,我引用了唐代诗人杨巨源《城东早春》中的诗句"绿柳才黄半未匀"。这句诗把"绿柳枝头绿色初萌,鹅黄之色尚未均匀"的柳叶嫩芽的真实形象展现在学生面前,美妙绝伦。如果你仔细观察过早春的柳叶,就会对这句诗感叹不已!太形象了!而陆游《柳》中的"看得浅黄成嫩绿"又道出了春天柳树的嫩芽在生长时颜色的变化过程。观察柳树嫩芽,吟咏柳芽诗词,不得不让人感叹古人对自然的观察是如此细致入微,语言是如此精炼美妙!

　　古诗的运用为校本教材"锦上添花",而本身不是"教学内容"。每个季节选择一首针对性的古诗,让不同季节叶子特点诗意显现。

　　附:《一叶知秋》教学资源中运用的古诗(节选):

【春天】柳　宋·陆游
春来无处不春风,偏在湖桥柳色中。
看得浅黄成嫩绿,始知造物有全功。

【夏天】晓出净慈寺送林子方　南宋·杨万里
毕竟西湖六月中,风光不与四时同。
接天莲叶无穷碧,映日荷花别样红。

【秋天】山行　唐·杜牧
远上寒山石径斜,白云生处有人家。
停车坐爱枫林晚,霜叶红于二月花。

【冬天】落叶(节选)　晚唐·修睦
雨过闲田地,重重落叶红。
翻思向春日,肯信有秋风。

九、《一叶知秋》与中华经典吟诵的融合

　　《一叶知秋》与中华经典吟诵的融合主要表现在两个方面:一是在活动过程中吟诵与叶子有关的古诗词和创编的观察儿歌;二是创编"一叶知秋"社团团歌。

　　我借鉴凫山小学校歌的音乐元素,按照普通话吟诵规则,创编了"一叶知秋"社团团歌。歌词涵盖了《一叶知秋》课程文化、课程内容和教学目标。

　　第一段歌词为课程文化意义概括,接着按照四季顺序,分别概括了课程的主要内容和意义,最后一段说明了课程名称"一叶知秋"的来源。社团活动时,孩子们唱着团歌,走出教室,走进自然,其乐融融。

案例3-10：创编"融"课程案例《"一叶知秋"社团团歌》

【歌词】

一叶知春,一叶知夏,一叶知秋,一叶知冬,一叶知四季,一叶知生命,一叶知人生。

春天里,嫩芽含苞,无所无惧。

夏日中,绿意盎然,生机勃勃。

秋风吹,黄叶翩翩,五彩缤纷。

冬天到,叶落归根,涵养智慧。

山僧不解数甲子,一叶落知天下秋。一叶知秋。(重复一遍)

【参考文字谱】

邹城市凫山小学"一叶知秋"社团团歌

作词度曲：周广玲

	一叶	一叶 夏·	一叶	一叶	一叶知·四·季·
	知·春··	知·	知·秋···	知·冬··	
一叶		命· 一叶			
知·生·		知·人··生···			
	里·		无·所···畏·惧··		
春·天··		嫩·芽··含·苞··			
夏·日·		绿 意·		勃 勃	
中··		盎·然··生·机··			
	黄·叶·		五·彩·		
秋·风··吹·		翩·翩··	缤·纷··		
	到· 叶落		涵·养·		
冬·天··		归·根··	智·慧·		
	不解·数·甲·子·	一叶	天·下·	一叶	
山·僧··		落知·	秋··	知·秋···	

备注:吟诵谱分为的上下两行(以虚线为界),表示音调的相对高低。每个字后面点的数量表示长短。入声字没有点,所以它最短。吟诵谱只是参考用的,只标明了每个字读法的高低长短,没有具体数值,它是定性不定量的。只要符合读法的规律,每个人都可以根据自己的理解有不同的读法,也可以有自己独特的旋律。

总之,《一叶知秋》校本课程融各科知识为一体,且浑然天成。

第三节 "真"课程

真实的课程才具有真实的价值。开发真实的课程有很多途径,这里重点阐述如何创造性地转化文献资料。

为了开发设计校本课程,我们在借鉴资源时,对网络资源的真伪通过实验进行了验证,确定正确后再选择利用,同时对材料进行了创造性转换。

主要包括以下途径:

一、浓缩提炼资源

对于网络资源若只是一味照搬过来,不一定符合教育教学的实际,因此我们在利用网络资源时,结合学生实际,把繁杂的资料进行了浓缩,或者编辑成了儿歌,让资源易学易记,适合小学生的年龄特点。

如:叶子贴画网络资源的原文为:

采树叶,夹在书本里压平。最好是选用梧桐树叶、枫叶、泡桐树叶、冬青树叶、榆树叶等,叶面要完整,培养孩子良好的卫生习惯和注意安全使用剪刀的好习惯。树叶贴画完成之后一定要将稍重的、平整的物体将树叶贴画压住,让其慢慢干燥,千万不能放在日光下晒,以防卷曲,破坏画面。制作叶贴画,要尽可能地保存和利用植物枝叶原有的形态特征。虽然必要时可以对某些材料进行一定程度的剪切、拼接、重叠,但是在感官上,我们还是可以感受到植物枝叶本身的某些细微特征和潜在的艺术感染力,使之保持叶贴画艺术应有的魅力和风格。制作叶贴画要注意主题突出,所选择的叶片不能过杂,用材要得当,避免脏乱。这样,才能充分体现叶贴画的艺术魅力,并成为人们喜闻乐见的艺术品。

依据原文提炼浓缩的资源为:

采树叶,夹书中;压压平,叶完整;慢慢等,不暴晒;叶片纯,忌繁杂。原生态,韵无穷。

二、改变资源用法

在开发设计《一叶知秋》校本课程时,我把从网络上搜集的"叶子放大镜""叶子铃铛""叶子卡通""叶子麦克风"等零散的图片资源转换成了富有含义的标识。

比如:"叶子喇叭"图标表示"提醒"的意思,提醒学生准备好实验材料;"叶子放大镜"表示"观察叶子"的观察活动;"叶子麦克风"表示分享交流等。

案例3-11:对同一资源的不同用法——叶子图标说明

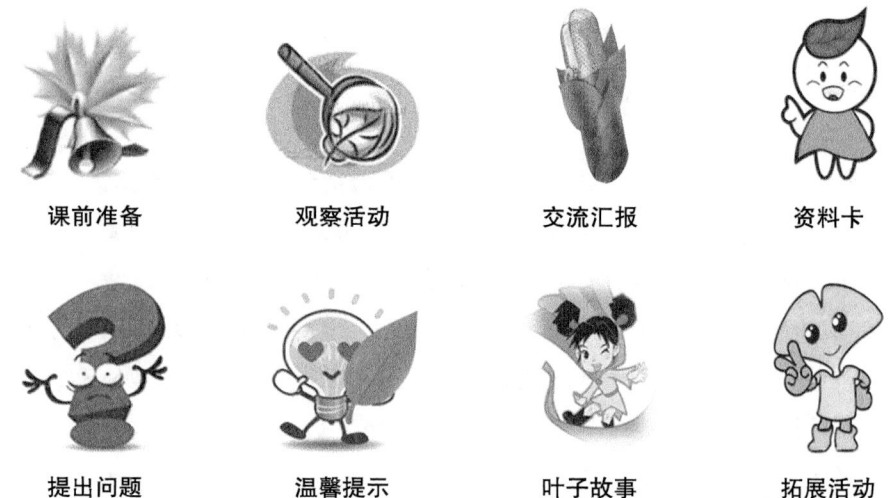

三、巧借他山之石

他山之石可以攻玉。在创编《一叶知秋》校本课程时,我常常借用其他学科资源。

教学数学时,我在人教版五年级数学课本上看到了一道练习题:

某市郊外的森林公园有124公顷。1公顷森林一年可以滞尘32吨,这个公园的森林一年可以滞尘多少吨?

从这道数学题中我知道了植树造林可以净化空气不仅仅是因为光合作用释放氧气的原因,叶子通过滞尘也能起到净化空气的作用。在这道数学题目的启发下,我创编了"叶之用"课程素材。

四、独立创编资源

在创编课程资源的过程中,我们在网络上搜集不到具有针对性的素材时,就需要独创资源。

比如,我在网络上搜集不到带"奖"字的叶子,于是让女儿利用信息技术在枫叶和银杏叶的图片上分别写了"奖""乐""画"和"诗"字,从而创编了"奖""乐""画"和"诗"等图标。

案例3-12:独立创编的课程资源图标

第四节 "趣"课程

"趣"课程即依据老师和学生的兴趣编辑的有趣的课程。

一、符合教师的兴趣

我喜欢自然,喜欢自然中的花草树木,这也是我选择以大自然作为课程背景的主要原因之一。

自从爱上"一叶知秋",我走到哪里,都喜欢寻找含苞的嫩芽。有一次,在人们不注意的小小的芽儿旁徘徊时,我竟然发现,微距下的叶芽是那么美。说是芽儿,不如说是一朵一朵鹅黄、嫩绿或紫红的花朵!不!比花朵更有朝气,它们虽不是那么引人注目,但却那么自信地昂首挺胸地向上伸着脖颈儿,努力地张望这个世界,像一个个襁褓里的婴儿,用稚嫩的双手努力拨开束缚,努力地长啊,长啊。它们对这个世界充满了希望,无所畏惧……

它们不知道哪一天会有沙尘暴迷糊了清澈的双眸,也不畏惧哪一天的狂风暴雨会弄脏了它们美丽的纱衣,它们只管努力地长啊,长啊!我想,不久之后它们就会成为一片片碧绿的叶子了。

我期待着他们成为叶子的那一天,期待着叶子变黄的过程,期待它们落下时的姿态。

随着观察的深入,我对叶子的喜爱近乎疯狂。

案例3-13:教师观察日记《欣喜若狂》(2016年12月10日 星期六)

叶子大多落了,后悔没有及时采集。周末,爱人开车载我到处寻找叶子。生态园、孟府、植物园、小路边,落叶中……

虽是冬天,也会采集到叶子。比如冬青叶、红木石楠叶等,更有一些野菜在落叶中生长着,叶子依然绿,形状也很多,有的圆圆的,如荷叶;有的长长的,如利剑;有的美美的,如琵琶……

在落叶中寻找不落的叶,在枯草中寻觅不老的草。每发现一种叶子,我便欣喜若狂……

不仅看到枯草中不老的草时欣喜若狂,即使看到家里的芹菜发芽也非常开心,这就是兴趣使然。

二、符合学生的兴趣

在《斯宾塞的快乐教育》里曾经这样写道:"一个热爱自然的孩子,是不可能变坏的。"大自然充满着神奇和魅力,让学生在大自然中观察叶子,感受四季的变化,吸取天地的精华,即便将来所走过的路、看过的书、爬过的山、蹚过的河,随着年龄增长都渐渐忘记了,但大自然的美丽所带给孩子的眼界和格局,是隐藏在孩子内心深处的宝贵财富,时间越久越弥足珍贵!

大自然的变化吸引着儿童与生俱来的好奇心和求知欲。

案例3-14:教学日记《一个学生的申请》(2016年3月30日)

"周老师,我想进'一叶知秋'社团……我喜欢'一叶知秋'……'一叶知秋'里面可以摆树叶,画树叶,用树叶拼图,我可想去了。……我特喜欢'一叶知秋'。"

一个学生的申请从另一个侧面说明学生通过反复选择社团,最终还是喜欢"一叶知秋"社团的原因——喜欢叶子,喜欢关于叶子的有关活动,这说明《一叶知秋》课程符合学生的兴趣。

他们一旦加入"一叶知秋"社团,都不想"毕业"。

《一叶知秋》课程是根据季节观察叶子的生长变化情况,学制一年。到第二年春天,我们再重新进行"选课走班",组织二至五年级的学生自愿报名。

2017年3月7日,我在新成员名单里,看到了一些熟悉的名字,我告诉学生:"孩子啊,你已经跟随'一叶知秋'社团学习了一年了,你已经'毕业'了。""老师,我们不毕业,我们还想跟着观察叶子,不毕业!对!不毕业!"几个孩子撒娇似的央求我。

我不忍心拒绝,于是让他们继续"留级"。"留级"学生的加入,逼着我不断更新课程素材——我怎么忍心让喜欢"一叶知秋"的孩子们学习已经学过的内容呢。

兴趣是最好的老师。老师感兴趣,学生也感兴趣,课程才有意义。

另外,《一叶知秋》课程还是"恕"课程,即利用"推己及人"方法创编的课程。"推己及人"是我创编《一叶知秋》校本课程过程中的宝贵经验,创编的课程学生是否喜欢,观察的过程是否让人愉悦,这需要教师亲历观察,亲身体会感悟,然后推己及人。在野外观察叶子时,每当我寻到"对照表"上的某一种形状的树叶时就特别兴奋。由此我推断,如果学生真正走进自然,仔细观察,他们应该也会有类似的感受,或许比我的感受更加强烈,因为他们毕竟是儿童,对叶子的好奇感和感受力应该比我这个年近天命的人更强烈。事实证明也是如此。

专心观察,用心感悟观察的快乐,教师如此,学生亦如此。以自身之体会,推想学生观察之感受,"推己及人"是我创编《一叶知秋》过程中常用的方法之一。

第四章
《一叶知秋》校本课程开发成果与价值

随风潜入夜，
润物细无声。

第一节 课程资源开发策略"五成果"

在《一叶知秋》校本课程开发过程中，我们提炼了很多校本课程的开发策略，这里主要介绍以下五个成果。

一、课程资源编排的"模块呈现"和"教案行文"格式

《一叶知秋》校本课程开发选择了以大自然作为课程背景，选择了大自然中的一片叶子作为课程资源。这种从大自然、从学生身边选择素材的课程资源选择思路，为校本课程的开发与实施提供了资源保障。在校本课程的内容编辑上，《一叶知秋》按照季节使用的"模块呈现"和"教案行文"的资源编辑方式，解决了课程资源无序堆砌的现象，保障了课程的系统性和科学性，为校本课程资源编排设计提供了有效路径。

二、校本课程开发与课题研究并驾齐驱的研发方式

在研发《一叶知秋》校本课程资源时，我们把《一叶知秋》校本课程的开发纳入了济宁市教育科学"十三五"规划课题研究，课题研究为课程开

发提炼了文化,课程开发为课题研究提供了实践阵地,二者相辅相成,互相促进。

通过实践,我们发现课程课题化,可以让课题成果通过社团活动直接服务于教育教学,直接链接于课堂教学,让课题研究更有现实意义,更有价值;让课程研发更规范、更有效。

课程研发思路和课题研究的思路基本一致,当一个课题研究结题后,便能成就一门校本课程或班本课程;课程和课题相互融合,使他们成为教育科研的双翼。

三、"一人一贯制"的校本课程开发实施机制

在《一叶知秋》校本课程的实施过程中,我以"一叶知秋"社团为实践阵地,边实践边开发,将理论和实践结合,开发与实施并进,解决了课程开发和实践脱节的问题。"我开发我实践,我实践我提炼"与实施"一人一贯制"的校本课程开发实施机制,保证了课程理念在实践中的有效落实。

四、取材简单,道法自然的选材思路

《一叶知秋》是基于"叶子",基于"自然",基于"生命教育"的原创性校本课程。取材于大自然的叶子,低碳、环保。通过社团活动实施课程教学,实践方式简单、扎实。"行虽微而旨趣远,出虽浅而寓意深"。《一叶知秋》课程的开发实施做法可以让一线教师对校本课程的开发实施"一叶知秋",见微知著。

五、观察自然,创编课程的途径

创编课程的方法很多,就《一叶知秋》课程资源的来源途径来说,最具有特色的途径是观察,从观察中获得资源,从观察中验证资源,从观察中激发灵感,观察让创编的课程拥有了生命力。

案例4-1:观察随笔《为了获得第一手资料》(2016年3月20日)

为了拥有《一叶知秋》校本课程第一手材料,利用周末,我寻找春天去

了。春天来了,万物复苏。三月上旬,迎春花、柳树开始发芽,积聚了一冬的能量,芽儿们浑身都是力量,那蓬勃的生机在初春三月,争先恐后,羞羞答答地绽放了,带着对冬的依恋,对春的渴望,含苞绽放了!

这是《一叶知秋》课程开发时我在第一个春天的第一次观察,回想起当时屏息拍摄嫩芽的场景,我自己都被自己感动了。随着观察的深入,我越来越着迷于观察了,观察所得也成为课程资源的主要来源。

另外,在开发设计校本课程时,我们还总结提炼出社团活动和校本课程相互促进,开发设计与实践实施同步进行,案例探索与经验提炼互相结合等一系列校本课程开发策略。这些方法在本书的其他章节有所涉及,在此不再赘述。

第二节 《一叶知秋》校本课程的实践价值

校本课程的最大价值是能改变学生和教师的生存状态,引领师生过上一种幸福完整的教育生活。

一、改变了学生的生存状态

(一)点燃了学生的观察兴趣

1.激发了学生好奇心

"一叶知秋"社团活动的开展激发了学生的兴趣,邹城市凫山小学三年级八班朱嘉奕同学说:"自从参加了'一叶知秋'社团活动,我就喜欢上了观察许多有趣的花草。"六年级一班陈雪漫同学说:"这是我上过的最有意思的课堂,它不是那种循规蹈矩的坐在教室里看图,背句子的课堂,它是走出课堂,发现自然,真正去寻找美、发现美,通过自我感受去接受知识的课堂。"五年级四班范子玥同学说:"我从来不知道大自然有这么多的奥秘,如此神奇,一片树叶就值得科学探究一番。"六年级一班蒋炎希同学说:"这使我明白了大自然是美丽而无私的,她赠予人类许多美丽的自然景观,不图回报。"

在观察活动中,学生感觉每天都是美好的;在观察中,学生发现"原来这么有趣"。自从参加了"一叶知秋"社团,学生养成了观察周围植物的习惯,天天看植物都觉得看不够。

案例4-2:学生观察心得《我学会了观察》

刚来"一叶知秋"社团时,我很好奇:仅仅一片叶子就能知道秋天了吗?可我只上了一节课,我的疑惑就伴随着痴迷被打消了。

每次上社团,老师就会带我们去学校里观察各种奇特的叶子,形状各异、颜色丰富的叶子让我大开眼界,让我流连忘返。

我们每次上社团都会接一瓶水给银杏苗浇水,看着银杏苗一天天长大,自己内心的荣誉感也会油然而生。

"一叶知秋"社团教会我留心观察身边的事物。一片渺小的树叶,在别人眼中微不足道,在我眼中却是春的新生、夏的茂盛、秋的凋零、冬的回味。不管怎么样,我都为自己参加"一叶知秋"社团感到骄傲、荣幸!

(邹城市凫山小学　五年级三班　谢子墨　11岁)

案例4-3:学生观察心得《天天都看不够》

自从参加"一叶知秋"社团,我就特别喜欢那些有趣的植物:肥肥的多肉,蒲扇式的银杏,刺般的松树,长辫般的柳树,身披"刺甲"的仙人球……一下子提起来我的兴致,左看右看,天天都看不够。

通过这些天的学习,除了快乐,我还增长了很多知识。有一次,我和几位同学走过学校的花坛,他们都不知道那是什么花草,我马上答了出来,他们都说我真厉害!我还了解了一句诗:"山僧不解数甲子,一叶落知天下秋"。

(邹城市凫山小学　四年级二班　李梓绮　10岁)

2. 延续了学生的好奇心

好奇心是儿童的天性,好奇心能持续是教育的成果。张广鑫同学跟随"一叶知秋"社团观察了两年,兴趣始终高涨,每天都有发现,我称他为"小法布尔"(如右图)。在此,我按照时间顺序完整呈现"小法布尔"的观察日记,以全面体会他观察兴趣的持续性。

下面是"小法布尔"的观察日记原文(2016年3月16日～2017年11月9日):

今天,我们观察了我们的小银树,发现了它发芽了。我原本想应该不会发芽吧,居然这么快就发芽了,真奇特!我们的小银杏树发的芽大多在中部,树顶上有一个大芽,好像这棵小芽都是这棵大芽的手下。

我们的树真好看!

(2016年3月16日)

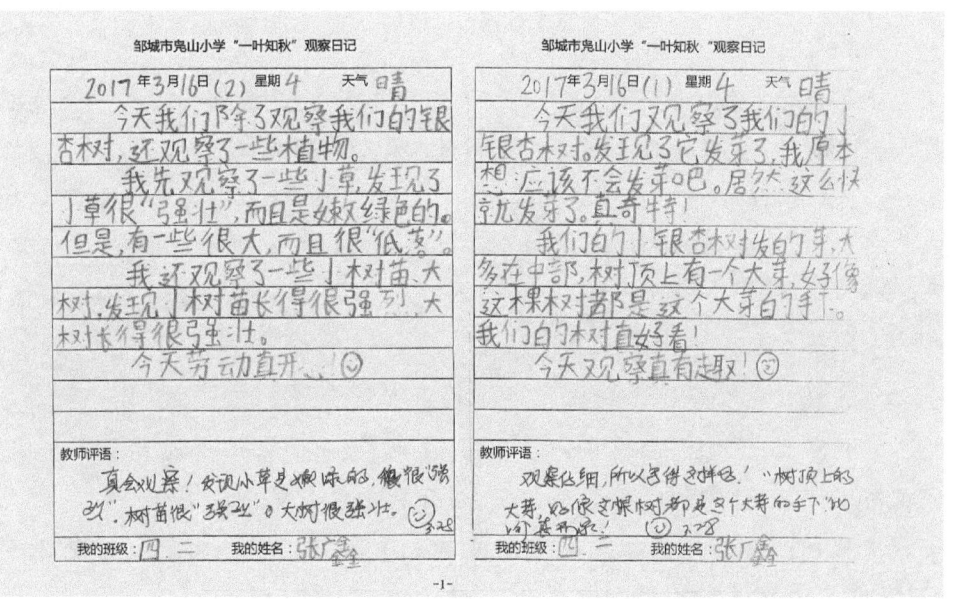

今天,我们又观察了我们的小银杏树。它长得非常快,已经长大了,仿佛从幼儿变成了少儿!上一次,也就是一周前只有十几个小绿芽,这一次居

然有20几个小红芽,但是也有几个不是红色的。

　　上次这个小银杏树比我还矮,这次比我高啦,小银树真好看呀!今天我们不但观察了银杏树,还观察了一些核桃树。成年核桃树的样子,他的芽是黄绿色的,也有少数是嫩绿色的,高度达1.9米左右,好惊人啊;幼年核桃树的样子是光光的,几乎什么也没有,但是也没落后,长得很高达1.8米!核桃树好高又好看啊,真好!

(2017年3月23日)

　　银杏树已经长了三四周了,不知小银杏树怎么样了?来到小银杏树的地方后,突然发现了小银杏树长高了!他的芽有绿的、红的、黄的,其中红色的芽年纪最大,黄的是"青年",绿的是少年。

　　我还有一个发现,它的芽多了,而且多数是绿色的,少数是红色的,今天观察真开心!

(2017年3月30日)

　　上一周银杏树只发了一点儿芽,现在不同了哦,是怎样的呢?芽长成了伞和荷叶状,而且芽也比以前大了,谁都能看见。高度呢,是120厘米左右,为什么比以前矮了呢?因为以前这棵树,埋得坑浅,所以老师和几个同学把坑又挖深了,这就是原因。今天观察有了重大发现!

(2017年4月6日)

　　今天我又在观察银杏树啦。

　　它的芽变大了,而且有了许多形状,伞形、扇形。我不光观察了银杏树,还观察了油菜花,它的叶子又黄又嫩,而且有几只小蜜蜂在飞来飞去。

　　大疑问:今天我在路上问了周老师一个问题:"银杏树长到一定程度后,是不是就长得慢了?"

(2017年4月13日)

　　今天,我才知道我们学的主题是"嫩芽含苞",真好!不过这一节课是

"嫩芽含苞"主题的最后一节课。通过这几节课观察嫩芽,我得出了结论:嫩芽形状很多,根本数不清,比如伞荷叶状;颜色很多,有红、绿、蓝、黄等。

今天我很快乐,因为我有了许多收获。

(2017年4月20日)

今天我主要观察的是叶脉,老师在上午十点把一片叶子放进了一瓶红墨水里。过了四五个小时后,我看见了叶子整体来说有点红,把叶子切开后,用放大镜一看,比刚才红得多,有一堆小红点儿在拥抱。新的发现令我振奋,以后一定要细心观察。

(2017年6月1日)

今天是我们开学第二次观察银杏树了。下午第二节课下课后,我们开开心心地向"一叶知秋"社团跑去。

过了几个月的样子,变化了许多,叶子多了,颜色深了……而且周围还有一些辣椒什么的,气味混合在一起,清香而多味,特别好闻,我忍不住多吸了几口气。树叶的形状像一个倒三角形,几个月都没有观察我们的银杏树了,但是我还是喜欢它。

(2017年10月12日)

今天,我们又去观察那个银杏树啦。

这次我有一个重大发现,我发现了银杏树叶大部分是绿色的,但是边缘上有一点淡淡的黄色。观察完银杏树,我们又去观察核桃树了,它的形状像一个小风筝,并且颜色以前是绿色,过了几个月变成黄色了,没想到变化居然这么快。

(2017年10月19日)

今天,我们到了教室以后,老师说:"我们今天观察即落叶,也就是即将要落的叶子。"太好了!到了地点后,我碰了一下"即落叶",咦?居然这么容易就掉了呀!这真是一个重大发现!

(2017年11月9日)

以上是张广鑫同学参加"一叶知秋"社团一年的观察日记,字里行间都写着惊奇快乐。其实,大部分参加"一叶知秋"社团的孩子都和他一样喜欢观察。喜欢"一叶知秋"社团,并持续喜欢上了叶子。

(二)提高了学生的观察能力

《一叶知秋》的教学目标之一是培养学生的观察能力,学生写的观察日记,可以折射出学生的观察能力确实提高了。

案例4-4:实践随笔《没有仔细观察,哪有如此的图画!》(2017年3月27日星期一 晴)

今天一早,桐桐拿着文件夹,小心翼翼打开:"老师,请看我写的日记!"

"哇!真好!尤其是这颗小树苗!"我连连称赞。

我端详着这幅作品,读了又读,看了又看。写得真好,画得真形象!没有仔细观察,哪有如此的图画!

"我观察了小银杏树,我发现小银杏树虽然没长高,但是嫩芽长了不少。我观察了油菜花,它的花朵像一只只黄色的蝴蝶,漂亮极了!我们还观察了核桃树,它的叶苞像瓜子,叶子的颜色是黄绿色的。"

一段文字写了她观察到的三种植物,从颜色到形状都写到了,而且还运用了丰富的想象和比喻手法,例如,油菜花像蝴蝶,叶苞像瓜子,能把观察日记写得这么形象具体,证明她观察得是多么仔细!我尤其喜欢她的银杏树苗画,褐色的小树干上点缀着几点新绿,那是她眼中的银杏树,也是我眼中的银杏树。颗颗嫩芽,点点新绿,充满生机,孕育希望。

案例4-5:学生的观察日记《新发现》(2017年4月13日)

今天我们有了新发现,银杏树的叶子比上次长高了。上次还没长出叶子,而这次叶子长高了许多,像一把把小伞,下面还有几个细细的小芽,像小人儿一样在伞下避风雨。接着我们又去尝了尝核桃树的味道,我摘了一片放在嘴里,妈呀!真是苦到极点,真难吃!

(邹城市凫山小学 四年级二班 王鹿鸣)

"小芽像人一样在大叶下避雨"这样形象的语言,没有认真细致的观察是写不出来的。

2016年8月29日,我在"一叶知秋"社团群里看到了一则短信,内容如下:"周老师真认真,假期还跟学生互动,这次语文考试作文就是写植物的,孙李宇轩描述的植物叶子非常详细,作文居然没有减分,这主要得益于'一叶知秋',谢谢周老师!"

类似的例子还有很多,仔细观察让学生们的习作"言之有物",仔细观察培养了他们的想象力,作文水平提高是必然的。

(三)唤醒了学生的生命意识

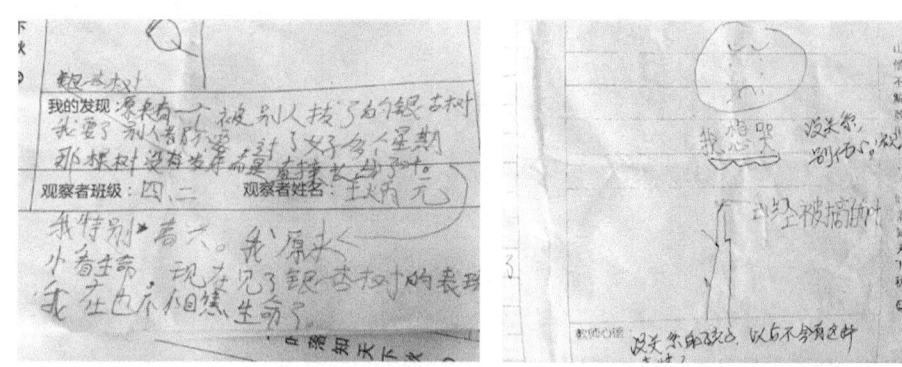

在《一叶知秋》校本课程实施过程中,我带领学生栽下银杏树,引领学生跟踪观察银杏叶一生的生长情况,体验生命的神奇,唤醒了学生的生命意识。

其中一个孩子(张炳元)的一篇日记,让我感动不已。

这个孩子刚入社团时,自由散漫,分小组时,谁都不想要他,其实他谁也不想跟,他喜欢我行我素。

2017年寒假后,听说他报了其他社团。一天,他突然闯进了我办公室,强烈申请加入"一叶知秋",原因是他被别的社团淘汰了。我留下了他,他很高兴,每次活动都很积极,但仍然是我行我素。在我眼里,他是个没心没肺的孩子,然而,当我读到他写的日记时,我知道我错了。

他在当堂观察随笔中写道:"原来一棵被别人拔了的银杏树我要下了,别人都不要。过了好多个星期,那棵银杏树都没有发芽,却直接长出了叶子,我特别高兴。我原来小看生命,现在见了银杏树的表现,我再也不小瞧生命了。"他看了小银杏树的表现再也不小瞧生命了,我读了他的日记,再也不小瞧他了。

再上社团课时,我围着他的小树说:"大家来看啊!某某把小树救活了!他真了不起!"

同学们围上来看小树,渐渐地,我发现他和一个小组的同学在一起观察得很认真。他救活了小树,小树也唤醒了他。

当然,爱惜小树的同学不仅仅他一人,"一叶知秋"社团的孩子们,从种下银杏树的那一刻起,珍爱生命的种子便悄悄在他们心田萌生。

同事告诉我,他的儿子(一年级)自从栽下小树后,每天都去看小树活了没有,想着给小树浇水。有一天,同事没办法,就用盆子端水浇了,还说有个小朋友把他的小树弄歪了,他直接就找他妈妈去告状了。这个故事让我很感动,"一叶知秋"的价值远远超出了我开发设计时的初心。爱护植物、责任心教育、生命教育就这样植入了孩子们的心田!

类似的例子还有很多,比如观察托叶时,一个孩子说:"托叶等叶子长大之后,就褪掉了,留下痕迹,就像我们长大了,妈妈就老了……"在观察落叶时,有个学生说:"这片叶子'弓背'了!就像爷爷老了'弓背'一样。"在观察嫩芽时,有个学生说:"叶子是嫩芽的时候长得很快!长着长着,就慢了,就像人一样……"在观察"即落叶"时,一个学生说:"树木为了保护自己,不得不舍弃叶子,人有时候为了保护自己,也要舍弃一些其他的东西……"

生命教育就这样在引导学生观察叶子的过程中自然而然发生了。

跟踪观察银杏树的经历让我懂得,培养学生的生命责任感,最好的方法就是让学生亲手种下一棵小树,然后陪伴小树成长。

二、改变了教师的生存状态

在《一叶知秋》拓展资源开发实施的研究中,给我最深的体会是,只有在课程研发的背景下,真正投身于课程开发设计,真正按部就班地进行课程研究,才能真正实现从"教教材"到"用教材教"的转变,才能真正实现教师的专业化成长。

经常观察叶子,给了我一双发现美的眼睛,这是课程研发赠于我的最好礼物。把叶子夹入书中,叶便成了书。在课程设计的过程中,我越来越喜欢叶,越来越喜欢书,似乎我在创编《一叶知秋》校本课程的过程中,慢慢成长为了一本书。

以下几个方面可以折射我的成长:

(一)提升了写作水平

习惯用文字记录流水账的我,通过对叶子的长期观察,慢慢也能用文字写写景物了,这是观察促进写作的功用。

案例4-6:观察随笔《落叶遐想》(2017年11月3日)

秋风习习,树叶沙沙,偶尔一两片叶子飘落下来,有的安详地躺着,有的舒服地趴着,有的倚靠在草丛中晒太阳,还有的骑在树杈上遐想……

一阵风吹来,趴着的叶子侧起身子和风儿打招呼;躺着的叶子,随着风儿贴地滑翔几下,然后依然安详地躺着,有的干脆趴着;草丛的落叶静静地躺着、坐着,闭着眼睛聆听风儿弹奏叶的乐章;一阵风吹来,叶子依依不舍地离开大树,带着花香,投入泥土的故乡……

谁说"此时景物正萧索?"这时候的落叶比任何时候更加安详,更加富足。春天,它随着春风悄悄探出头来,带着惊奇,也带着惶恐,它的未来将是怎样的,它自己都不清楚;夏天,它迎着朝阳,努力制造养料和氧气,供养大树生长,不敢有顷刻的邂逅;秋天,它累了,倦了,蜷缩起身体,只想好好休息休息。这样的变化让它惶恐不安,未来应该是怎样的?它不敢多想。当它离开大树的那一刻，是否会很痛呢，它不敢再想下去；一天又一天，太阳弱了，秋风凉了，阳光由炙热变得温柔，冬天到了，它感觉身体慢慢变轻，微风一吹，它竟然几乎没有任何疼痛地和大树分离了，自由地飞起来。原来离开大树，还有很多好玩的地方：田野、河边、路口、树杈、草丛……

"红叶经霜久，依然恋故枝"，原来恋并不一定是长相厮守！"落红不是无情物，化作春泥更护花。"叶子完整地走完了它的一生，是一种圆满。

嫩芽含苞，绿意盎然，黄叶飘落，落叶归根。当一片叶子落下来，它也圆满完成了它的使命。此时的落叶虽然蜷缩，虽然干枯，但何尝不是一种沉甸甸的美呢！何尝不是一次能量的蜕变与积聚呢！

随着观察的深入，我除了会写散文外，还能用诗一样的语言记录观察情况（见本书附录4），观察激活了我的思维，激发了我的灵感。

比如，紫荆开花时，紫色的花儿一簇簇，嫩芽都挤在花儿的顶端，于是我描述为"校园紫荆开，众紫托绿芽。"观察孟府流苏时，我常常听到人们分不清流苏和木香，于是写出了下面的语言："流苏如丝木香香，莫把木香当流苏。人人扬面赏流苏，流苏洁身暨红尘。"把流苏的形态"如丝"和木香的特点"香"概括了出来。类似的例子还有很多。

（二）加深了对课程的理解

通过亲历《一叶知秋》校本课程研发和实践的整个过程，我对课程有了自己独特的理解。

1. 活动不等于课程

如果说活动相当于"珍珠"的话，那么课程即相当于"项链"，在"珍珠"与"项链"之间需要选择一条线串起来。这"一条线"即是理念、思路或目标。而选择"哪条线"，如何"串珠子"是我们教师值得思考的。"活动"上升为"课程"，将更加具有系统性、针对性，对于孩子们各种能力的培养是非常有利的。

2. 重组教材等于课程研发

有些优秀的教师每节课都在进行教材的重组、选择，其实这就是对教材的二度开发。或者说我们每个老师在创造性地运用教材的时候，都在做着课程工作，只是还没有意识到。或者已经意识到，但没有形成系统的体系和专题。

如果重组教材形成习惯,再以主题形式梳理成体系,这一过程便是课程研发。

3. 把"素材融入国家课程理念"等于课程研发

开发课程,不是让我们形成系统的理论,而是根据课程标准的要求,根据学生的需求和自己的特长,选择更适合的教学资源。理论是"国家"的,但做法一定是自己的,或者是自己理解透了的。用国家的课程理念为筐,装进合适的素材,在实践中实施,这就是课程。

(三)找到了专业成长的道路

《一叶知秋》校本课程的开发实施,让我找到了一条教师专业成长的途径。

2018年4月1日,我参加了在曲阜孔子文化院举办的中小学"校园观察家"成长论坛活动。我用十分钟时间分享了《一叶知秋》校本课程设计的目的、意义和成果等内容。在反馈意见时,专家说《一叶知秋》课程的设计对专业发展有示范意义,成果本身值得借鉴。对此我深有体会。

我亲历了《一叶知秋》校本课程八年实践,实现了从教书匠到研究型教师的转变,为其他教师的专业成长提供了范例。

(四)涵养了教师的精神气质

随着观察的深入,从植物中我能看到"教育",从枯叶中我能体悟顽强。观察秋天叶子落尽的柿子树,我觉得它是高高举起的满树的红灯笼,向世界宣示它沉甸甸的自豪和欣慰。如同教师教书育人,桃李满天下时的满足。观察爬墙虎,我领悟到了什么是坚强和坚持。爬墙虎从嫩芽开始就紧紧攀附墙壁,叶子由嫩红到碧绿,再由碧绿到紫红,走过了春夏秋冬,然而它永远没有离开它的墙壁。即使爬山虎老了,臂力似乎没有那么有劲儿了,但是依然依偎着矮墙——那个它终生依靠的伙伴,叶子不绿了,却更美了!

自然即美,教育也应该是自然的,就如那自然绽放的芽苞、花苞一样,顺时节而生。嫩芽有嫩芽的美,枯叶有枯叶的俏,如同每个学生一样,性格各异,各有特点。是"嫩芽"

就应保持它的勃勃生机,是"枯枝"就该欣赏它的矍铄顽强。

案例4-7:《枯枝败叶也美丽》(2018年1月28日)

我和老米去孟府看雪,雪融化许多。乍一看,略显萧条,可是,当我蹲下身来,仔细观察雪中的枯草、落叶时,我发现其实萧条中蕴含生机。

枯草种子散落,果壳如花瓣张开,在寒风中傲然挺立,大有无所谓的大丈夫气概。看到它我想起夏天的荷花花苞,也仿佛看到落在花苞上的蜻蜓。"小荷才露尖尖角,早有蜻蜓立上头",这酷似荷花苞的枯草种壳,似乎不会有蜻蜓来赏识它吧,不是它不美,而是蜻蜓怕冷不敢出来。

再看落叶,落叶不落对我来说是个谜。根据科学原理,温度低了,隔离层形成,应该叶子很快落下来了,许多叶子也是这样顺理成章地落下来了,为什么还有部分叶子那么"顽固",仍然不落呢?我用手触摸,它也仍然不落。这种叶子,有的是一棵树上有这么一两片,有的是一种植物的叶子几乎全不舍得离开故枝。比如五角枫,五角枫叶子就属于那种不识时务者,该落时不落,寒风中瑟瑟,何苦来着?更有一些叶子,别的叶子都落下来了,一两片仍然不落,是坚守阵地吗?还是不舍?是树不舍,还是叶子不舍?这又是一个值得研究的问题。

还有树枝,叶子落下来,只剩下光秃秃的枝条,没有叶子的陪伴,好像更加轻松舒展。枝条弯曲不同,粗细各异,或盘旋向上,或挺直向前,有的与夕阳握手,有的与房头聊天,有的与白云起舞,有的与白雪嬉戏。冬天是枝条的天地,那种轻松和自由全在墨画中。

还有那棵老柳树,从它开始发芽,我就屏息拍摄芽苞。一转眼,芽苞变绿叶,绿叶变黄叶,黄叶变落叶。现在居然找不到几片落叶了,唯有万条垂下的银屏把春天、夏天、秋天锁在身体里,等待来年,来装扮这个世界吧。来年,很快,马上就会看到了。

看雪,赏枯枝败叶,并没有带给我萧瑟衰败的感觉,反而让我感觉到力量与震撼,衰败是假象,积蓄巨大能量才是真谛!只等春雷一声,万紫千红就会喷涌而出!那又是一个生机勃勃的春天!

(五)重塑了教师的童真童趣

叶圣陶先生曾说:"先做学生的学生,再做学生的先生。"教育工作者要调整好自己的教学态度,要和孩子们共同成长,童心还需童心育。

在研发《一叶知秋》校本课程的过程中,我惊喜地发现我成长为了"儿童"。

2020年4月29日,我和老米在唐王湖畔散步。一阵风吹来,几棵杨树叶子随风摇摆,或轻轻律动,或摆动腰姿,或突然停止,静静地休息。风来了,叶子又随风摆动起来,这不就是"叶子舞"吗?我非常兴奋,逗留在杨树下久久不愿离开。我等待风来时带来的旋律,等待看杨树叶儿载歌载舞。走了一段路,我又发现了银杏叶在跳"扇子舞",于是又久久不肯离开,一心想变成一枚银杏叶,成为它们中的一员。我相信,我的"扇子舞"也应该是婀娜多姿的!

走到孟庙西侧路旁,我又发现楮树叶子在唱"京剧"……

我成了一个贪玩的老顽童!一枚叶子能玩半天,我是不是有儿童的好奇心呢?是不是有了一颗童心?

看到了植物,如同发现了宝贝,像儿童看到新玩具一样痴迷。我发现我和幼儿极易成为朋友,说明我的内心也是幼儿。我的童心决定着我的生活方式"与众不同",甚至有点"不正常"。"不正常"的生活方式,让我成为"正常人",成为真正的教师。

(六)改变了教师的生存方式

《一叶知秋》课程的创编与实践改变了我的生存状态和生活方式。我喜欢周末出去观察,而且一直观察植物,为此我乐此不疲。创编课程的过程是幸福的,也是快乐的。

2016年12月3日,我利用周末时间,到野外捡叶子,一边玩一边捡。

捡落叶时,一位放羊的老大爷盯着我足足看了半天,我走到哪里,他牵着羊走到哪里,一边看羊吃草,一边观我捡叶。他开始很好奇,好像还有点担心,后来,看着看着,表情释然了,对我笑了笑。

当我蹲下身子,用力拔条形叶子时,羊也看我,老人也看我,满脸的疑惑。当我把叶子小心翼翼夹入书本中,老人表情又一次释然,露出了淡淡的微笑,还夹杂着说不出的表情。当老人看见我爱人远远走来,催我回家时,他才牵着羊慢慢离开,还不停地回头看看我,莫非他认为我不正常?哈哈!由他去吧。在这样浮躁的社会里,喜欢满地捡叶子的人的确"不正常"。我为我的"不正常"而自豪!

现在想起当时的场景,我不禁哑然失笑。

《一叶知秋》课程之于我的价值,不仅仅是创编了省级的精品课程,更是让观察自然的习惯成为我最美的生活方式,观察引领我思考人生。

(七)引领教师体悟人生

2015年9月,我在创编《一叶知秋》校本课程时,看叶子即是叶子。在经过了几年的观察活动之后,我已经感觉叶不是叶了。现在又感觉叶依然是叶。在观察叶子的过程中,我感受到大自然是我们每一个人都离不开的"老师"。

2020年4月6日,我在孟府观察叶子时,看到嫩芽蜷缩着娇嫩的身躯,

好奇地张望着这个陌生的世界,想到了初生牛犊不怕虎;在看到嫩芽高高昂起的头时,体悟到嫩芽是对生命的宣誓;看到何首乌的嫩芽(如左图),使劲儿伸长脖子,长长的脖子犹如流淌着生命的丝线,又如无限延长的手柄,互相搀扶着,鼓励着,努力地向上生长,让我浑身充满力量。

生命如同叶子,又如一把提琴,弹奏着属于它们的生命之歌。人生如四季,各有各的精彩,春天勃勃生机,催人奋进;夏天绿

意盎然,给人以生命的张力;秋天色彩斑斓,给人以诗情画意;冬天雪花飘飘,给人以安静与纯静,带给人无限的遐思。

经常观察,我发现同一棵树上的叶儿,在春天叶子是平面的,在秋天叶子却是立体的,叶面凹下去,叶背凸起来,犹如老人含胸驼背!生命是如此惊人的相似!

经常观察叶子,使我渐渐把叶子看作了"人",不知不觉之中,感觉自己拥有了悲悯的情怀。这种情怀,是我在触摸"即落叶"时的顿悟。(即落叶,是我给"即将落下的叶子"的称谓)如果你曾轻轻触摸过它,也会感觉心疼的。

案例4-8:观察随笔《"一触即落"不是生命的脆弱》

叶落之前的状态其实很美。

阳光怜爱即将零落的叶子,给它披上了七彩霓裳,有的红绿相间、褐红相融;有的叶子如同多彩水墨画,红色、褐色、绿色、红色集于一身。即将落的叶子形状是立体的,有的像船儿,有的像脸庞,有的像握起的手掌,有的像驼背老人。有的孤零零挂在树梢,有的三五成群蜷缩着身躯拥抱在一起,相约来年再相聚。相聚在同一棵树枝,相聚在同一个春天。

我用手轻轻一触,叶子落下了,于是,我不敢再亲近它们,我担心一触即落,我担心一摸即碎,只有恭候温柔的秋风送它们自然回归吧。

"落红不是无情物,化作春泥更护花。"最美不过夕阳红,最美不过"即落叶",生命原本精彩,需要更加珍惜。

从清明到谷雨,从谷雨到立夏,从立夏到立秋,从立秋到立冬,一年又一年,叶子由新芽到落叶,又由落叶到萌芽,诠释了生命的轮回,升华了我的快乐。

三、影响了学校文化取向

课程不能没有文化,没有文化则没有灵魂。《一叶知秋》的课程文化便是叶子文化,这些文化也是我在观察过程中体悟到的。

（一）观叶悟到叶子文化

春天,观察嫩芽时我发现,它们虽不引人注目,但却是那么自信地、昂首挺胸地向上伸着脖颈儿,努力地张望这个世界,像一个个襁褓里的婴儿,努力用稚嫩的双手拨开束缚,努力地长啊,长啊,他们对这个世界充满了希望,无所畏惧……这就是嫩芽文化的精髓!

如下图:

杨树嫩芽　　　　　　楮树嫩芽　　　　　　萝藦嫩芽

夏天,叶子有浅绿、嫩绿、深绿等颜色,绿意盎然,生机勃勃,充满了生命的张力。每当我看到一片片绿叶,便浑身充满力量,仿佛自己就是那绿叶,沐浴阳光,傲然挺立,青春焕发……这是夏天叶子文化的魅力!

如下图:

卵叶女贞　　　　　　紫萍叶　　　　　　　菖蒲

秋天,叶子有绿色、褐色、紫色、红色等颜色,大多数秋天的叶子是各种颜色的融合,秋天的叶子美在多彩,美在融合,美得厚实。就像人的秋季,多姿多彩,是那么韵味无穷,秋天是文化融合的季节,是大聚会的舞场,是文化交融的舞台,是美美与共的天堂!

如下图:

　　山楂树叶　　　　　　　五叶地锦　　　　　　　爬墙虎叶

冬天,落叶归根,叶子拥抱大地,融入泥土。落叶的文化是积聚能量,涵养智慧的文化!

如下图:

　　　桑树等落叶　　　　　　　　　杨树落叶

(二)思考提炼叶子文化

在以上观察的基础上,我又思考提炼了叶子文化。

叶子文化包括叶子意象文化、绿色文化、叶子特征文化,蕴含努力向上,傲然挺立，青春自信，包容涵养，融通顽强，低调谦逊等精神品格，为实现学校"绿色发展"提供了理论依据。

叶子意象文化包括叶子奉献文化、绿色教育文化；绿色教育文化又包括绿色管理文化、绿色教育教学文化和绿色学习文化；叶子特征文化包括嫩芽文化、绿叶文化、秋叶文化和落叶文化。

所谓绿色管理，即是以真做教育的理念为指导，在管理活动中求真务实。

学校校级领导管理中层领导以真为本，强化扎实的管理作风，坚决杜绝工作中的形式主义、功利思想，凡事求实效，即是绿色管理；教师管理学生，强化真实管理，比如不为检查搞活动，而是以活动来育人；不为迎接检查打扫卫生，而是为大家提供温馨的学习环境；不是为迎接检查编制各种活动记录，而是为积累学习经验和方法；不是为考核写总结，而是为总结经验教训而反思；不是担心问责而关心学生的安全，而是为珍爱学生生命；不是为考试而学习，而是把考试作为检验教学情况的途径；不是为评职称而工作，而是为教书育人而奉献；不是为了行政命令而教学，而是为了学生成长而努力等。

在不同的理念下做相同的事情，结果却大相径庭。

叶子的"绿色"理念可以延伸至各个领域，针对各个部门的工作职责进行细化，还教育以本来面目。让教育回归原点，实现教师的真正成长，学生的真正发展，让每个学生像春天的嫩芽一样，对学习充满好奇心；让每个老师和学生像夏天的绿叶一样，对待学习和工作精神饱满，生机勃勃；像秋天的叶子一样，五彩缤纷，全面发展，多才多艺；像冬天的叶子一样，默默奉献，不求回报。

"绿色"文化让每位领导扎根现实，仰望天空；每位校长立足教育，远离政绩。这样的教育便是"绿色"教育，即奉献教育的情怀。

现在对于"绿色教育"的需求，就如同环境对绿色的需求一样，必将是时代的要求，也必将是社会发展的趋势。

发展绿色教育，需要绿色教育生态，而绿色教育生态创建的关键不在他人而在于每个"自我"。具体实施策略可以从教育教学常规的某一项要求做起，比如教师写教学总结，是否是"自己"写的，是否写的是"自己"，老师层面有没有这个认知？领导层面有没有这个要求？如何避免写总结不真实的情况，学校层面有没有相关措施等。

在工作中，我一直以"绿色从教"为教育原则，潜移默化地感染影响了周围的同事，也渐渐将其融入学校的管理文化，得到了社会各界认可。

下面是叶子文化结构图：

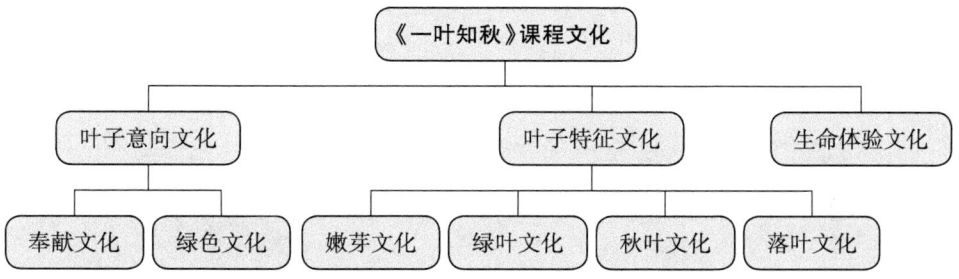

四、得到了社会各界认可

（一）得到各级领导和家长的认可

2021年3月23日、3月24日，在济宁市小学科学"课堂教学深度学习"推进周活动中，《一叶知秋》以"小学科学学科的拓展课程"的身份，与济宁市各位科学同行见面，得到了广泛好评；2021年4月1日，《一叶知秋》作为课程研发的"下水课程"，与凫山小学的老师们交流，基本完成了它的引领使命；2021年4月20日，《一叶知秋》迎接了来自武汉的参访团，彰显了它独特的生命教育的价值；2021年4月27日、28日，在济宁市校本课程研讨会上，《一叶知秋》提供了学校校本课程设计、课程纲要、单元课程设计和三节课的具体教学方案设计资源，得到了同行认可。

在"一叶知秋"社团活动开展期间，我始终坚持把课堂观察情况分享给学生家长，得到了家长的高度认可。有的家长说："现在一切好像都是快节奏的，今天您带着孩子们静下来慢慢地感受大自然……谢谢您！您辛苦了。"

邹城市小学教研室苗兴旺主任说："一叶知秋就是真正的过程探究！会观察的人生更精彩！"他的话让我更加确信，引导孩子们走进自然，即是把他们带进一个美的世界，而且我觉得这样的美育与德育是润物无声的。

山东省特级教师王宪芳老师引用科学教育先驱刘默耕先生的话"行虽微而旨趣远,出虽浅而寓意深"来评价《一叶知秋》。

山东省肥城市科学教研员孔令强老师给予的评价是:"课程建设与综合实践同步发展,是新的课程里程碑。"

(二)得到同事朋友的欣赏

在开发设计《一叶知秋》校本课程的过程中,我经常走进大自然观察叶子,常常把观察到的叶子分享到微信朋友圈,得到了很多同事、朋友点赞鼓励,有的朋友为我拍的叶子照片赋诗。

山东济宁泗水县珍珠泉小学张学勇校长赠诗:

秋风未到

秋风未到叶先黄,小虫觅食步匆忙。

夏末尚有新芽生,周姐抓拍笑意浓。

(2017年8月25日)

山东省邹城市原二中校长谢明光先生赠诗:

春在枝头

春在枝头是嫩芽,含苞并未逊名花。

丹唇欲语千分俏,点破青春咏物华。

(2018年3月18日)

邹城市进修学校副校长王相雷先生赠诗:

五绝·铁山寻春

为周老师所拍嫩叶而作

三月暖风柔,偷闲半日游。

寻芳花入眼,嫩叶缀枝头。

(2018年3月18日)

（三）媒体报道与成果推广价值

《一叶知秋》校本课程作为教师独立开发设计的原创性特色课程，为一线教师提供了设计校本课程的思路、方法与模板，为一线教师如何从课程实施者转变为课程设计者提供了范例，为兄弟学校的校本课程开发工作提供了示范。

2019年6月下旬，邹城市教育和体育局"名师聚焦"专题采访了《一叶知秋》校本课程。

2019年9月24日，山东青年报"实践大课堂"以"梧桐一叶，天下之秋"为题，专题报导《一叶知秋》校本课程实践社团开展情况。

2021年4月1日,在邹城市凫山小学老师参加校本课程设计大赛前夕,我以《一叶知秋》校本课程开发设计实践的经历为老师做报告,向教师们开发校本课程提供了思路和方法,鼓励教师们静下心来,从小处入手,一步一个脚印地做校本课程。

2021年11月8日,受邹城市大元小学黄校长之邀,我做了"例谈校本课程的开发与实施"讲座,讲座中我以《一叶知秋》校本课程的开发与实施为案例,对大元小学如何开发实施《编织》课程提出了具体、可操作的方法和步骤,并让老师们参阅了《一叶知秋》校本课程资源。大元小学的编织作品非常精彩,但是还处于"活动"范畴,其实活动与课程,课程与活动,就差一条叫作"理念"的金线……我能为此"牵线"而感到自豪。

2022年2月12日,受邹城市择邻小学胡勤楠校长之邀,以《叶落知秋 凤吐流苏》为话题,我与择邻小学的老师们聊了校本课程的开发与实践。在交流中,我先以凫山小学校本课程《一叶知秋》为案例,重点交流课程创编的思考路径。让老师们从故事中,从校本课程资源的生成中,感受到校本课程的浪漫、诗意、温暖和平易近人,消除了他们因缺乏对校本课程了解而产生的陌生感;当老师们了解了校本课程,生发了走近校本课程的意愿后,我再结合择邻小学的"五彩流苏课程体系"框架,阐述了自

己的思考。

2023年5月6日,在邹城市课程管理研讨会上,我为邹城市中小学副校长、教办主任以《一枚叶子话课程》为主题作了报告,表示当邹城市各个学校的校本课程遍地开花之时,这枚"叶子"愿意变为一粒种子,为一线教师创编实践校本课程提供精神力量。

至此,《一叶知秋》已经开始发挥了它的"下水课程"的作用和价值。随着本书的出版发行,我也希望能为更多的老师提供更多的帮助,希望更多老师能够走进校本课程,设计出适合学生发展、安静而小巧的课程;为校本课程开发,为学生个性发展,做出自己的贡献。

第五章
《一叶知秋》校本课程相关资源

> 不积跬步,无以至千里;
> 不积小流,无以成江海。

本章完整呈现《一叶知秋》课程纲要、课程资源、课程实施参考等内容,以供读者在设计校本课程时参考使用。

第一节 《一叶知秋》课程纲要

课程名称:一叶知秋

适用年级:二至五年级

总课时:35课时(其中3节为选学内容)

课程类型:综合实践

一、课程性质

《一叶知秋》课程是以培养学生观察能力为目标,以培养学生科学素养为宗旨的学科拓展类校本课程。

校本课程《一叶知秋》旨在引导学生对叶的一生进行长期观察,通过对叶子的跟踪观察,培养学生的观察能力,激发学生的学习兴趣,培养学生感受美、欣赏美的能力以及与大自然和谐相处的科学素养。对国家课程小学科学是一种补充和拓展。

二、课程理念

教育的目的是让人幸福,使被教育者固有的人性得到自然释放,成为人格健全的人。让教育回归自然,让学生远离喧嚣,让童心聆听到花开的声音,体会到生命的神奇。丰富学生的童年生活,发展他们的个性特长,发掘学生的创造潜能。

《一叶知秋》课程属于小学科学学科的拓展课程,课程的理念与科学课程理念是一脉相承的,但在具体的表现方式上又有所不同。

1. 自然教育

《一叶知秋》课程引领学生走进大自然,观察每一片叶子,安静地享受自然而然的美,体悟大自然默默无闻的神奇魅力,让教育自然而然发生。

2. 浸润心灵

《一叶知秋》是一门"静柔课程",引导学生走进大自然静静观察叶子的生长,学生在观察的过程中,心灵能够得到滋养与浸润。

3. 观察核心

观察既是《一叶知秋》的学习方法也是目标。《一叶知秋》以引导学生观察叶子入手,让学生学会有序观察,有目的地观察,关注细节,关注共同特征和个别差异,培养学生的观察能力,在观察过程中学会体悟生命的神奇。

4. 学生主体

《一叶知秋》课程在素材的选择上,突出从周围寻找素材,观察周围世界的叶子,让学生在观察的过程中自己提出问题和解决问题。

5. 面向全体

《一叶知秋》为每一个学生提供学习的机会,同时能让每个学生积极参与观察探究。

6. "双重"需要

即满足社会和学生两方面的需要。环境污染是当今社会最需要关注的问题之一,让学生从关注一片叶子入手,到关注一片森林;从对植物的热爱,延伸到对大自然的关注,从而自觉参与环境的保护。另外,网络世界热闹空虚,教育需要把儿童心灵从虚幻的网络转移到大自然中去,让童心在绿叶诗意的浸润中更加纯真,保护学生与生俱来的好奇心和求知欲,培养学生的创新精神。

7. 课堂开放

《一叶知秋》课程的开放性一是体现在课堂内外,二是体现在内容上。课堂内以引导为主,课外以观察为主;课程内容选择的素材需要在教学过程中适当补充变换,以满足不同学生的不同需要。

8. 评价多元

评价主体包括教师、同伴、家长等。教师通过跟随学生观察,评价学生的学习态度;同伴通过合作学习,评价学生的合作精神;家长通过引领学生课外观察,评价学生是否养成了自觉观察的习惯等。

《一叶知秋》培育科学素养最明显的表现是让学生能自觉观察周围的叶子,能对观察到的叶子提出"为什么",而且能自觉想办法解决问题,并且能把这种主动观察的习惯迁移到一切事物的观察之中。

三、课程目标

《一叶知秋》校本课程的目标包括"总目标"和"具体目标"两个层面。

(一)课程总目标

通过观察和学习,引导学生了解、认识叶子;培养学生的观察能力和观察习惯;学会提出问题、解决问题;保持和发展学生的好奇心和求知欲;激发学生探究的热情和创新灵感;使学生热爱大自然,珍爱生命。

(二)课程具体目标

1. 知识目标

了解叶的形状、颜色、结构、季节变化等有关知识,知道叶的滞尘、药用、食用等作用,理解叶对于植物本身和环境的意义。

2. 科学探究目标

通过学生观察和学习叶的知识,提高学生的观察能力,培养他们边观察边记录以及长期观察的习惯。

3. 情感、态度、价值观目标

通过观察，激发学生探究大自然奥秘的欲望，体悟大自然的神奇魅力，感悟生命的可贵，唤醒学生的环保意识。

4. 技术与工程目标

通过观察叶子，让学生知道关于发明的常用方法，举例说出一些典型的发明案例，知道发明要依据一定的科学道理，很多发明是可以在自然界中找到原理的。

5. 课程文化目标

我们希望全校师生都能像春天的嫩芽那样，对世界充满好奇，对生命充满希望；像夏天的绿叶一样，绿意盎然，生机勃勃；像秋天的叶子一样，五彩缤纷，多才多艺；像冬天的落叶一样，涵养智慧，积聚能量。

四、课程内容

本课程以"神奇的叶"为第一单元，把学生引入叶的世界。根据一年四季叶子的不同特征把课程内容分为"嫩芽含苞""绿意盎然""黄叶翩翩"和"叶落归根"四个基本主题模块，最后以"美好回忆"单元作为课程总结。

具体内容安排如下：

学期	周次	教学主题内容	课时	备注
春季学期	第一周	社团报名	1	
	第二周	**第一单元 神奇的叶** 1. 叶之叶韵	1	在校园栽种银杏树或其他树种，教师和学生一起跟随季节观察叶生长情况
	第三周 | 第六周	**第二单元 嫩芽含苞** 2. 我的小树 3. 小树发芽 4. 观察嫩芽 5. 春天叶颜	4	

续　表

学期	周　次	教学主题内容	课时	备　注
春季学期	第七周 ｜ 第十九周	第三单元　绿意盎然 6. 叶子真绿 7. 叶子真美 8. 泥塑叶子 9. 叶之家人 10. 叶尖 11. 叶缘 12. 叶脉 13. 叶脉本领 14. 托叶 15. 叶柄 16. 叶哨	11	教学时，需要精心设计各种观察记录表，以规范学生观察行为，引领学生聚焦观察重点。
秋季学期	第一周 ｜ 第十二周	17. 叶之异同 18. 叶的呼吸 19. 叶子工厂 第四单元　黄叶翩翩 20. 叶子黄了 21. 叶子即落 22. 叶子书签 23. 叶子贴画（1） 24. 叶子贴画（2） 25. 叶子贴画（3） 26. 叶脉之画	10	教学时需要教师准备各种各样的叶子标本，为学生制作书签和叶贴画准备丰富的叶子素材。同时，在叶贴画教学中，注重和传统文化古诗词融合。
	第十三周 ｜ 第十九周	第五单元　叶落归根 27. 叶子落了 28. 落叶姿态 29. 叶脉书签 30. 叶的一生 31. 叶书古诗 第六单元　美好回忆 32. 美好回忆 *33. 叶子大小 *34. 叶子厚薄 *35. 叶面质感 ※《诗经》里的植物	6	本单元教学时间适合在叶子落了之后的冬季。时间大约在北半球11月份之后。具体教学时间应根据本地气候条件灵活选择教学内容。带※号内容为拓展资源，带*号内容为选学内容，可根据教学时间情况适当穿插教学。

五、课程实施建议

（一）多种途径

借助校园文化墙，宣传叶的知识；利用学生观察日记和手工艺术作品，提高学生的赏析、鉴赏能力；借助黑板报、微博、头条号或美篇等社交软件及时展示学生在各个阶段的观察日记、观察记录、观察随笔、树叶贴画等作品，让叶子融入学生生活，成为他们的良师益友。

（二）跟随季节

《一叶知秋》课程是穿越四季的课程，根据季节的不同可以分为"嫩芽含苞""绿意盎然""黄叶翩翩"和"叶落归根"四个章节。教学时，要结合季节的不同灵活调整教学进度，教学内容也要根据本地植物叶子的情况进行适当增减或调整。

（三）观察体验

《一叶知秋》是小学科学的拓展性综合实践类课程，其初衷是让儿童与自然相亲，体验观察的快乐和探究的乐趣，体悟自然的神奇。教学时，教师应尽可能通过各种途径，和学生一起亲历观察过程，注重观察体验和对自然的感悟。

（四）注重活动

根据学生年龄特征，适当安排活动以推进课程的实施。比如，三年级可以进行树叶贴画、高年级可通过制作树叶标本、书签，吟诵关于叶子的古诗词等活动推进观察活动持续进行。

（五）家校共育

教学时，需要和家长沟通协调，让家长利用双休日等节假日带孩子观察大自然，观察各种叶子。

（六）师生共写

"观察日记"是课程评价的主要载体之一，学生长期观察的习惯要从"观察日记"中体现。老师要和学生一起写观察随笔，一起经历叶子的一生。通过与学生共写，走进学生心灵，以便进行更有效、更有针对性的教育，与学生一起过一种幸福完整的教育生活。

（七）相对固定

教学《一叶知秋》课程需要固定的教室、教师、时间以保障课程的顺利实施。本课程属于创编课程，没有教学参考资料。在实施初期，建议课程开发者亲自实践，遵循"谁研发谁实践，谁实践谁提炼"的校本课程研发机制。

（八）课内外交替

用调查制作和作品展示推动课程的可持续实施，将课内与课外教学互相结合。

（九）因地制宜

由于每个地方植物的种类不同，教学资源中提供的植物素材仅供参考。教学时，需要根据本地植物种类情况灵活选择教学资源。因地制宜，真正实现"用教材教"而不是"教教材"。

（十）评价多元

《一叶知秋》校本课程的实施以"一叶知秋"社团活动为载体，由于学生来自不同的年级、不同的班级，因此对学生的评价方式要多元化。

六、课程评价建议

（一）叶儿奖章

对于学生的观察日记、叶子贴画、叶脉画等成果，可以用"叶儿奖章"评价。使用"叶子奖章"评价时，要根据学生的表现选择不同色彩奖章，比如黄色代表合格，绿色代表良好，红色代表优秀等；评价活动可以随着教学进度的开展进行，也可以在单元或期末总结时进行。

（二）分类评价

1. 对学生关于叶的知识的了解情况，可采用笔试和口试以及竞赛方式进行。

2. 对学生科学观察能力的评价，可以结合"观察日记"进行评价。

3. 对学生进行情感、态度和价值观的评价，可采用师评与生评相结合的方法。

4. 对学生的书签、叶子贴画、叶脉画等作品，以展评的方式进行评价。

5. 在课程实施过程中，根据学生情况还可以生成其他的评价方法。

第二节 《一叶知秋》课程资源（校本教材）

主要图标说明

 课前准备
 观察活动
 交流汇报
 资料卡

 提出问题
 温馨提示
 叶子故事
 拓展活动

 学生交流1
 学生交流2
 学生交流3
 学生交流4

第一单元 神奇的叶

叶子,你哪来的神奇力量?
长出这么多形状,生出那么多色彩?
是树妈妈点染,树爸爸描绘的吗?

也许是按自己想要的样子，
接受阳光，吸收雨露，迎接风霜，
长啊，长啊，就成了现在的模样。
循着你筋骨的方向，我看到你的理想，
摇曳成一面面旌旗，
向天空、向大地、向万物致意，
我收到你的致意，
快乐学习，健康成长。
采撷一片叶子，放于唇边，
轻轻一吹，木叶声声，
与风起舞，与水和弦，
小鸟为我带路，
春天向我们招手。

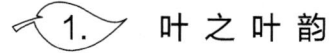

1. 叶 之 叶 韵

 叶子音乐

请闭上眼睛聆听，猜猜美妙的音乐是用什么"乐器"演奏出来的呢？（《木叶声声》视频资源）

 悄悄告诉你

这是把叶子当乐器演奏的音乐，你也试试吧！在有风的天气里，去听听叶子的歌吧！

 欣赏叶子，你看到了什么？说说你的感受。

 叶子画

 资料卡

你知道吗？叶子也会跳舞。

跳舞草的叶片两侧生有大量的线形小叶，对声波非常敏感，在气温不低于22℃的情况下，特别是在阳光下，受声波刺激时会随之连续不断地上下摆动，犹如飞行中轻舞双翅的蝴蝶，又似舞台上轻舒玉臂的少女，因此而得名。

我的问题

下面这两幅画是怎么拍摄出来的?

小狗望月　　　　　　　　鱼跃苍穹

 悄悄告诉你

上面的图片是隔着大树叶子拍摄出来的,有意思吧。你想试试吗?

 拓展活动

请在周末拍摄"植物的舞蹈",与大家分享!(辅助教材:风中摆动的叶子视频。)

 叶子诗

柳

宋·陆游

春来无处不春风,偏在湖桥柳色中。
看得浅黄成嫩绿,始知造物有全功。

【译文】

春天来了,春风轻轻吹拂,湖边杨柳依依,传递着绿色春讯。柳枝先是浅黄,慢慢变成嫩绿,你会感觉到大自然的神奇力量。诗人通过写春风柳条,描画了初春时节万物复苏、春意盎然的景象,表达了对春天的赞美之情。

晓出净慈寺送林子方
南宋·杨万里

毕竟西湖六月中,风光不与四时同。
接天莲叶无穷碧,映日荷花别样红。

【译文】

西湖的六月时节,此时的风光与四季不同。碧绿的莲叶无边无际好像与天相接,在太阳的映照下荷花显得格外艳丽鲜红。

山　行
唐·杜牧

远上寒山石径斜,白云生处有人家。
停车坐爱枫林晚,霜叶红于二月花。

【译文】

山石小路远上山巅弯弯又倾斜,由白云生发之处隐隐约约有几户人家。傍晚枫林的美景着实吸引了我,那被霜打过的叶比二月的花儿还要红。

 我的问题

是谁染红了枫叶?

落　叶(节选)
晚唐·修睦

雨过闲田地,重重落叶红。
翻思向春日,肯信有秋风。

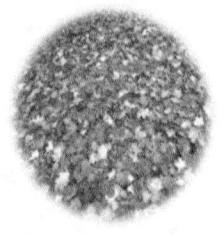

【译文】

一场秋雨过后,庄稼已经被收割了,闲置着的田地显得格外空旷,只见深红色的落叶脱离树干,层层叠叠地在半空里飞舞。落叶思绪翻飞,一心向往着春天,哪里肯相信,秋风来袭,自己就要落下枝头。

第二单元　嫩 芽 含 苞

你交出籽袋,
叶子探出头来,
积蓄一冬的能量,
春潮涌动,
折叠的梦想,
慢慢舒展。

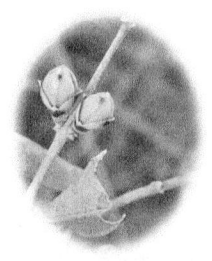

你款款而出,
以生命的姿态,
滑翔,
赴一场春天的盛会,
透过阳光的七彩线,
一枚枚叶子拨弄着琴弦,
由绿到黄渐变,
蛹变蝶般的震撼,
我也要带上工具,
播种去。

2. 我 的 小 树

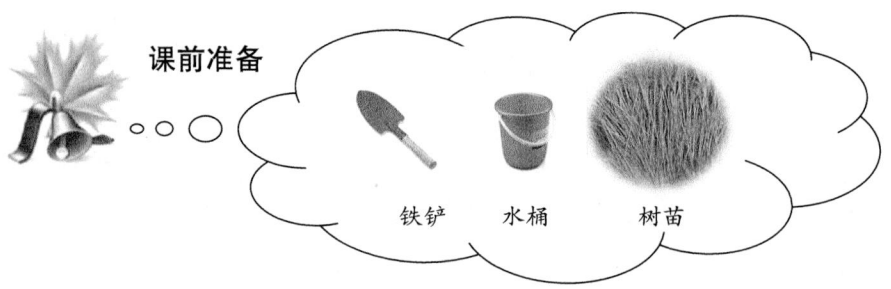

课前准备

铁铲　　水桶　　树苗

植树

挖坑

种树

浇水

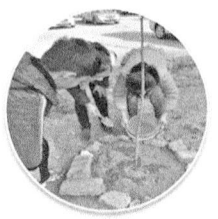
培土

 交流植树的感受。

第一次植树，很有意思！

植树时，要与同学合作。

我现在担心小树能否活。

……

3. 小树发芽

课前准备

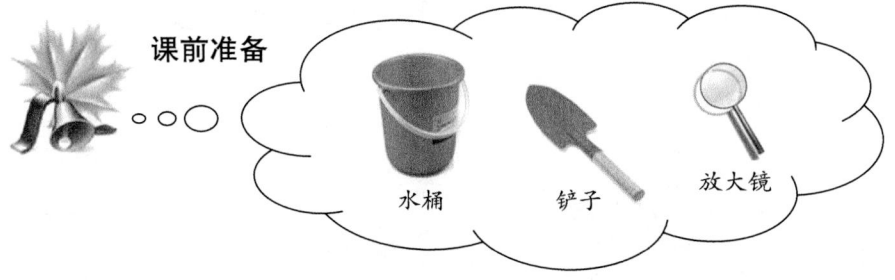

水桶　　铲子　　放大镜

观察银杏嫩芽

 观察银杏嫩芽，交流观察发现。

形　状	颜　色	气　味	其　他

温馨提示

以小组为单位观察银杏嫩芽，不要伤害嫩芽哟！

拓展活动

查阅资料，把描写春天嫩芽的古诗，写在"古诗积累本"上。

4. 观察嫩芽

 课前准备　　铲子　　水桶　　放大镜

仔细观察嫩芽,你发现了什么?

 观察校园里植物的嫩芽

 温馨提示

1. 以小组为单位,选择校园里的树木(垂槐树)进行观察。

2. 把观察的结果画或者写下来。

3. 观察嫩芽,发现有什么共同特征,准备分享。

4. 此观察活动一周一次,连续观察至少三次。

猜猜"芽"怎么来的？

 资料卡

牙，既是声旁也是形旁，表示尖利的齿。芽，篆文（草）（牙），造字本义：比喻草木刚萌发的尖齿状的幼体。

 我的问题

 资料卡

初春的叶芽大多数呈现鹅黄色或红色，是因为初春时叶片里的叶绿素还未形成，叶子需要接受一定的光照，才能产生叶绿素，叶子才会变绿。

 叶子诗

城东早春

唐·杨巨源

诗家清景在新春,绿柳才黄半未匀。
若待上林花似锦,出门俱是看花人。

【译文】

早春的清新景色,正是诗人的最爱。绿柳枝头嫩叶初萌,鹅黄之色尚未均匀。若是到了京城花开之际,那将满城都是赏花之人。

 拓展活动

同学们,你知道关于叶子的其他古诗吗?请继续收集。

5. 春天叶颜

课前准备:放大镜、照相机、彩色笔

 观察校园叶子颜色

序 号	叶子名称	叶子颜色
1	银杏叶	
2	核桃叶	
3	梨树叶	

续 表

序 号	叶子名称	叶子颜色
4	冬青叶	
……		
我们的发现		
我们的问题		

 温馨提示

以小组为单位,边观察边记录,注意不要破坏植物。

交流观察发现。

颜色越来越深。

冬青的叶子亮绿亮绿的。

紫荆的叶子有的绿,还有点黄。

……

 我的问题

春天的叶子为什么大多是浅绿色或黄绿色?

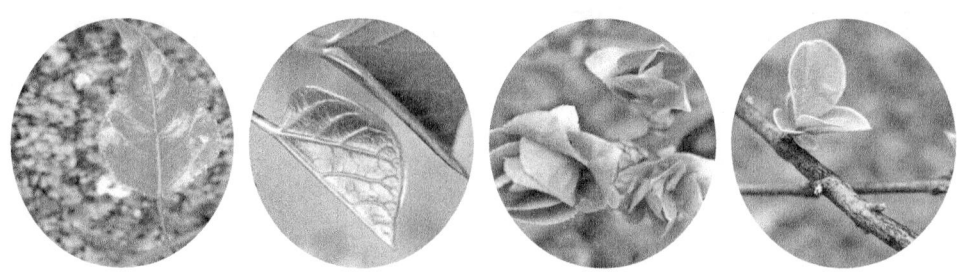

 叶子故事

不高兴发芽的树

春天,许多树都发芽了,只有一棵树不高兴发芽,旁边的树喊道:"喂,你睡着了吗?怎么还没发芽?"

"不要你管,我不高兴发芽!""为什么?"旁边的树问。它说:"记得去年我有多绿呀!小鸟在我的身上垒窝,卖冰棍的老奶奶在我树荫下卖冰棍,小孩的风筝线断了,我还帮他缠住了风筝,可是没有一个人感谢我。哼!发芽有什么好,我才不高兴发芽呢!"一天,环卫工人从这里路过,看见了不高兴发芽的树,他说:"这棵树不会发芽,看来是枯死了,明天来挖掉它。"不高兴发芽的树吓傻了,呆呆地盯着旁边的树一个劲儿问:"怎么办?怎么办?"现在它多想发芽呀!可自己能一下子长出那么多小芽吗?它急得浑身发热,迷迷糊糊的。

早晨,不高兴发芽的树全身长满了小嫩芽,也许是昨天晚上太着急,嫩芽全给热了出来。环卫工人扛着铁铲来了,走来走去,怎么也找不到那棵不发芽的树。他奇怪地搔搔头,只好走了。

 **拓展活动**

模仿《不发芽的树》写一则小童话。

第三单元 绿 意 盎 然

夏天是叶子的T台,
披着浓郁的绿衣裳,
叶子优雅地亮相,
释放的姿态很精彩。

一叶叶小舟,
在绿海中漫流,

"一叶知秋"——小学特色校本课程开发理论与实践

与大地遥相呼应，
学海泛舟的少年，
荡起双桨，
驶向理想的彼岸。

6. 叶子真绿

 **课前准备**

 夏天到了，观察叶子，你发现叶子的颜色有什么共同特点？

 通过仔细观察叶子颜色，你发现了什么？

 "叶"的文字演变。

资料卡

叶,甲骨文是象形字,像树上长满圆片状的呼吸器官。金文将甲骨文字形中圆状的改成枝杈状的,表示众多树枝上长着众多片状呼吸器官。篆文将金文字形中枝杈状的写成,并在基础上加(植物),强调"叶"的"植物"特性。

造字本义:植物光合作用和呼吸的绿色扁平器官,即所谓"树叶"。

 我的问题

同学们,从"叶"字的演变中你了解到什么呢?

 资料卡

在地球上,很多植物都是绿色的,植物之所以是绿色的,是因为它们的叶片里有许多微小的绿色颗粒,这些神奇的叶绿素,是一种存在于植物细胞叶绿体中的重要的绿色色素,它能够利用水、空气及阳光来制造植物所需要的养分,夏天阳光充足,叶子更绿。

 拓展活动

课下观察叶子,说说它的名字,看看它的颜色,写一篇观察日记、一首小诗,或画一片叶子,也可以用照相机拍摄你最喜欢的叶子,还可以……

7. 叶子真美（叶形）

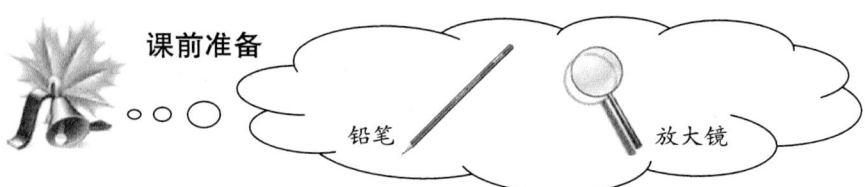

课前准备：铅笔、放大镜

 以小组为单位，对照"树叶形状表"进行观察

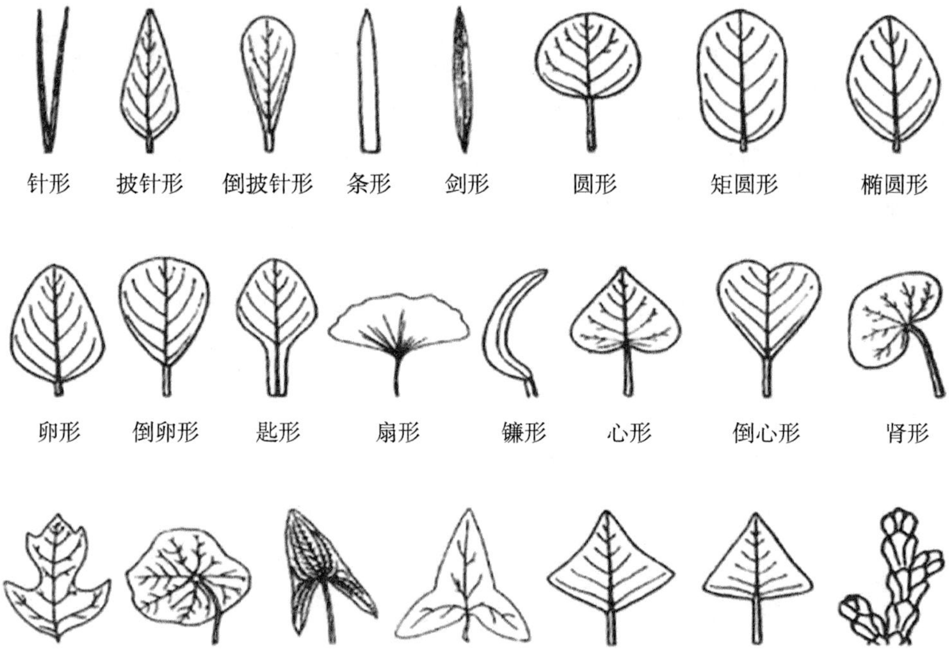

针形	披针形	倒披针形	条形	剑形	圆形	矩圆形	椭圆形
卵形	倒卵形	匙形	扇形	镰形	心形	倒心形	肾形
提琴形	盾形	箭头形	戟形	菱形	三角形	鳞形	

 温馨提示

分工合作，把观察到的叶子的大体轮廓画在绘画纸上。

交流汇报叶子形状

 资料卡

常见的叶形有针形、披针形、倒披针形、条形、剑形、圆形、矩圆形、椭圆形、卵形、倒卵形、匙形、扇形、镰形、心形、倒心形、肾形、提琴形、盾形、箭头形、戟形、三角形、鳞形等。

 户外观察

对照"树叶形状表",观察周围植物的叶子,说说是什么形状。

 拓展活动

周末和家长一起到大自然寻找不同形状的叶子,拍摄或画下来,下周和同学们分享。

8. 泥塑叶子

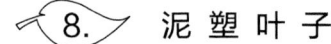

课前准备

橡皮泥（绿色）、牙签、透明六棱角塑料瓶、透明书皮、白色卡纸、双面胶、口取纸等。

捏叶子

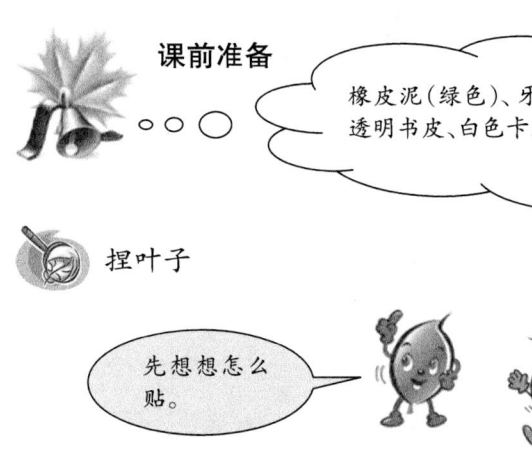

先想想怎么贴。

贴在瓶子上。

用牙签画叶脉。

……

温馨提示

使用牙签要注意安全！

 悄悄告诉你

泥塑叶子步骤：

1. 把橡皮泥放在玻璃杯、纸上或透明瓶壁上压平；
2. 把压平的橡皮泥拉捏成一定的叶子形状；
3. 用牙签划出叶脉；
4. 标注叶子的形状类型。

 评说作品

请小组交流，说说叶子的形状，谈谈自己的感受。

第五章 《一叶知秋》校本课程相关资源

 单元评价,颁发叶子奖章

拓展活动

通过用橡皮泥捏叶子,你有什么感受?把感受写出来吧。

9. 叶之家人

课前准备

课前收集各种各样的树叶。

交流搜集资料的发现

有托叶。

叶柄、叶尖。

叶脉。

……

117

资料卡

叶子结构（如图）

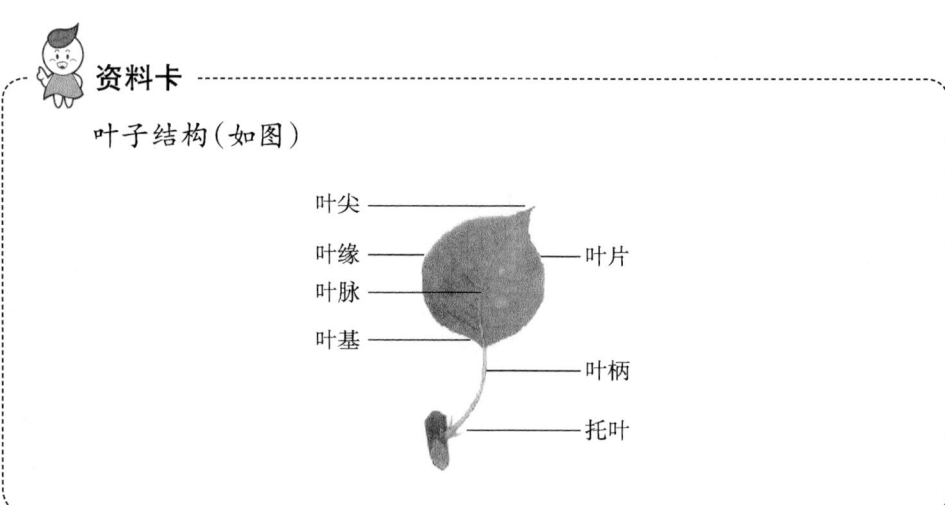

 我的问题

是不是所有叶子的结构都是一样的呢？

 资料卡

在自然界中，植物是动物的生活来源，而叶子又是进行光合作用的场所，是孕育生命最基础、最原始的地方。各种植物的叶子形态多样，而它们都是由叶片、叶柄和叶托（托叶）构成的。完整含有叶片、叶柄和叶托的叶子称完全叶。有些植物的叶子没有叶托，还有的叶子没有叶柄，也有个别植物的叶子没有叶片。

 **拓展活动**

搜集资料，了解叶子各个部分的作用。

10. 叶 尖

课前准备

铅笔　　放大镜

同学们，请带着放大镜，对照"叶尖表"，去校园寻找不同形状的叶尖吧。注意分工合作。

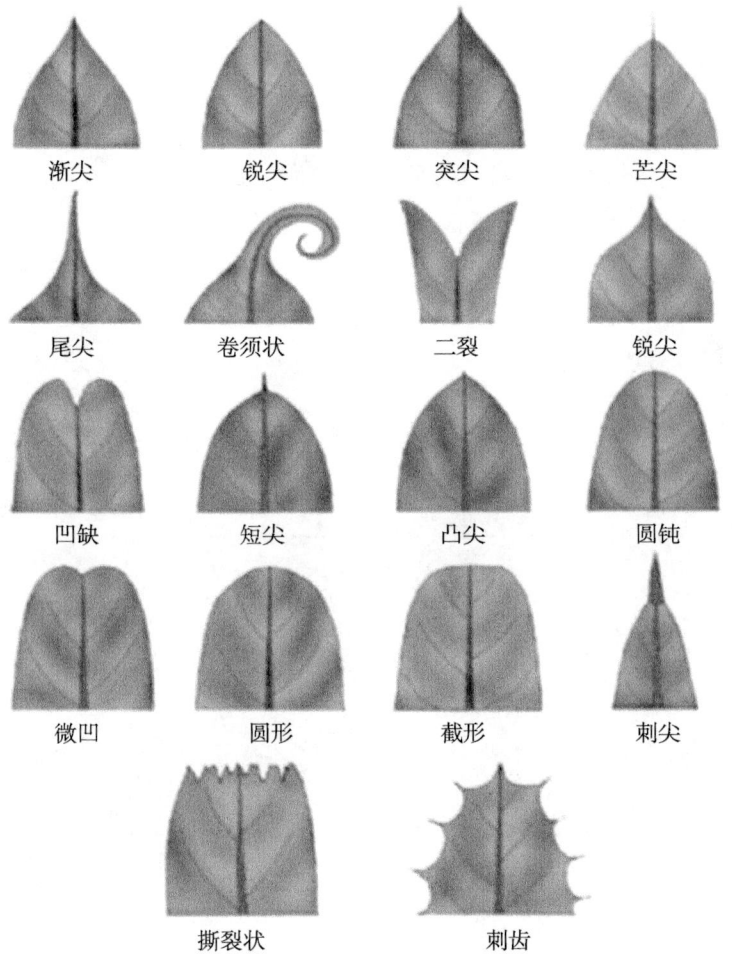

渐尖　　锐尖　　突尖　　芒尖

尾尖　　卷须状　　二裂　　锐尖

凹缺　　短尖　　凸尖　　圆钝

微凹　　圆形　　截形　　刺尖

撕裂状　　刺齿

交流你的发现。

 资料卡

叶子会"吐水"

叶子上的"水滴"从水孔里流出来,这种现象叫作"吐水",是植物正常的一种生理活动。环境湿度较大,植物生长得较为健壮,吐水现象就越明显。晚春、夏天、早秋的早晨及傍晚吐水情况较明显。

 拓展活动

雨后,发现叶子的叶缘部分有水珠,这也是叶子"吐水"吗?请查阅资料了解。

 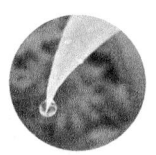

11. 叶　缘

认识叶缘

叶缘

 资料卡

叶缘即叶片的周边，叶片的边缘。常见的类型有全缘、浅波状、波状、深波状、皱波状、圆齿状、锯齿状、细锯齿状、牙齿状、睫毛状、重锯齿状等。（如下图）

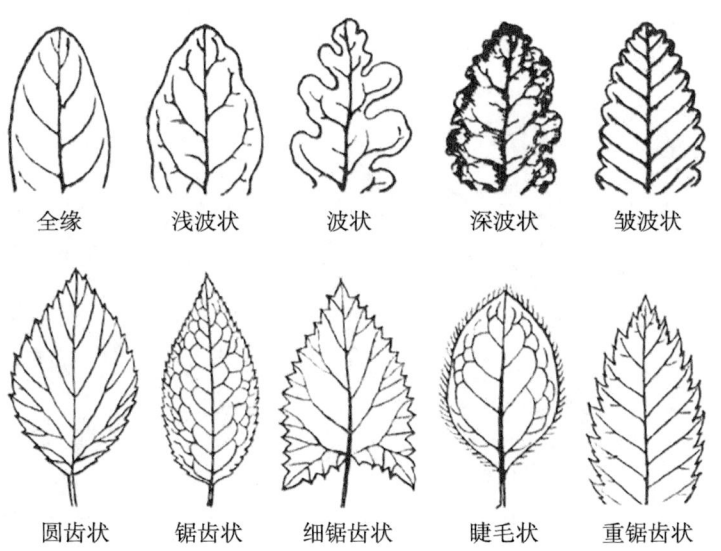

全缘　　浅波状　　波状　　深波状　　皱波状

圆齿状　　锯齿状　　细锯齿状　　睫毛状　　重锯齿状

户外观察,边观察边记录。

邹城市凫山小学"一叶知秋"社团"叶缘"观察记录

山僧不解数甲子,一叶落知天下秋☺	时间: 地点: 天气: 观察者姓名: 指导教师:		山僧不解数甲子,一叶落知天下秋☺
	用彩色笔描一描叶缘,并把你发现的叶缘标记出来。	请画出你新发现的叶子叶缘并尝试命名	
	全缘 浅波状 波状 深波状 皱波状		
	圆齿状 锯齿状 细锯齿状 睫毛状 重锯齿状		
	我想说的话:		

 锯的发明

……天快亮了,突然鲁班觉得手被什么东西划了一下,抬手一看,长满老茧的手划出一道口子,渗出了血珠。他仔细在周围观察,原来是丝茅草划的。鲁班很惊奇,他摘了一片草叶,发现草叶边缘长着许多锋利的细齿。一转身,他又看见一只大蝗虫正张着两个大板牙,很快地吃着草叶。鲁班捉了只蝗虫一看,它的板牙上也有利齿。看看丝茅草的叶子,再看看蝗虫的大板牙,他心里豁然开朗……

我的问题

鲁班看到了茅草叶,为什么豁然开朗?

 拓展活动

同学们,鲁班从手被草划出一道口子这件事中受到启发,发明了锯,你觉得那种草的叶缘是什么形状的呢?你能找出几片是这种叶缘的叶子吗?

12. 叶　脉

课前准备 放大镜　铅笔

 观察下面的叶子,你发现了什么?

    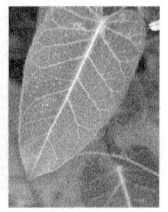

 互相交流

叶子上有一条条的线。

"线"的形状不一样。

每片叶子上的"筋"不一样呢!

……

资料卡

叶脉按其分出的级序和粗细可分为主脉、侧脉和细脉三种。叶脉的排列方式称为脉序,主要有三类:网状脉序、平行脉序和分叉脉序。网状脉序分为掌状网脉、羽状网脉;平行脉序分为直出平行脉、弧形平行脉、射出平行脉、横出平行脉。

如下图:

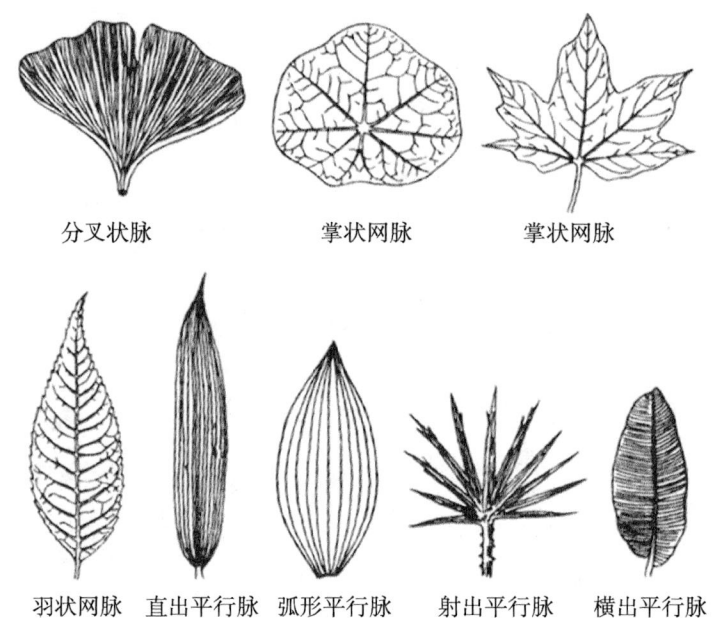

分叉状脉　　掌状网脉　　掌状网脉

羽状网脉　直出平行脉　弧形平行脉　射出平行脉　横出平行脉

观察校园里的叶子叶脉,边观察边记录。

邹城市峄山小学"一叶知秋"社团之"叶脉"观察记录表

时间: 地点: 天气: 观察者姓名: 负责教师:		
用彩色笔描一描叶脉,并把发现的叶脉类型标记出来。		请画出你新发现的叶子叶脉并尝试命名
分叉状脉 掌状网脉 掌状网脉 羽状网脉 直出平行脉 弧形平行脉 射出平行脉 横出平行脉		
我想说的话:	五年级学生编辑儿歌 作者:	三年级学生编辑儿歌或想说的话

左栏竖排:山僧不解数甲子,一叶落知天下秋。
右栏竖排:山僧不解数甲子,一叶落知天下秋。

 拓展活动

观察周围叶子的叶脉。

13. 叶 脉 本 领

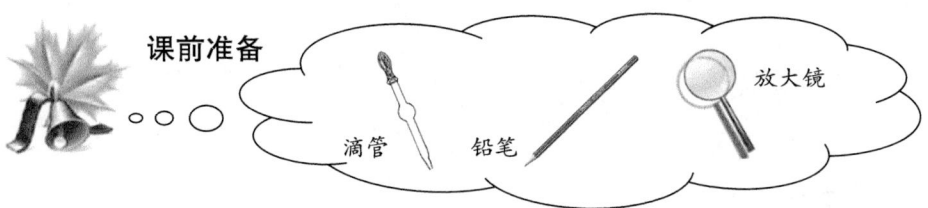

课前准备　滴管　铅笔　放大镜

猜一猜,叶脉有什么本领?

 我们来做个实验吧!

叶脉作用实验方案

实验目的:叶脉输导水分

实验材料:叶脉清晰的叶片(带叶柄)、红墨水、滴管、带胶塞的瓶子、打孔机、小刀、放大镜等。

实验步骤:

1. 在带胶塞的瓶子里倒入清水,再用滴管滴2至3滴红墨水滴入清水中。

2. 用打孔机在胶塞上打孔。

3. 把叶柄自孔中插入瓶中,让叶柄充分浸入水中。

4. 放在太阳下3～4小时,观察叶面上叶脉颜色。

 分享交流实验观察的现象

资料卡

叶脉具有传输水分和输送养料的作用。叶脉中有导管和筛管,导管输导水分和无机盐,叶制造的有机物通过筛管输送到根、茎等器官,属于输导组织。另外,叶脉还有机械组织,起着支撑叶子的作用,从而增加光合作用的面积。

叶脉的主要功能是疏导和支持作用。

 拓展活动

查阅资料,继续了解叶脉的知识。

14. 托 叶

课前准备

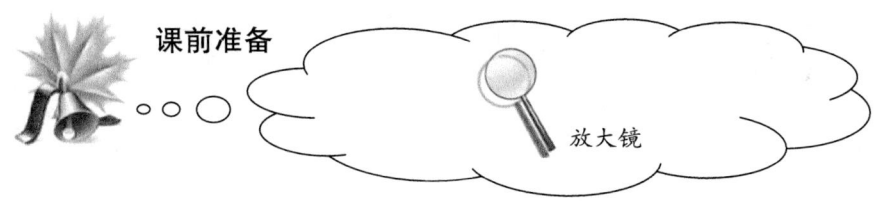

放大镜

 交流资料

托叶(叶托)长在叶柄底部。

托叶比叶片长得早。

托叶保护幼芽。

……

资料卡

托叶(叶托)是叶柄基部、两侧或腋部所生长的细小绿色或膜质片状物。托叶通常先于叶片长出，早期起着保护幼叶和芽的作用。

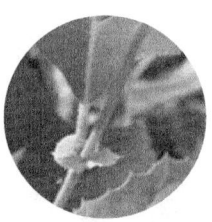

 同学们，请带着放大镜和观察记录表，去室外寻找托叶去！

邹城市凫山小学"一叶知秋"社团活动之"托叶"观察记录表

山僧不解数甲子，一叶落知天下秋 ☺	观察时间：	地点：	观察者姓名：	山僧不解数甲子，一叶落知天下秋 ☺
	集体观察	托叶(叶托)是叶柄基部、两侧或腋部所生长的细小绿色或膜质片状物。托叶通常先于叶片长出，早期起着保护幼叶和芽的作用。你观察叶子时，找到下面的"托叶"了吗？请画出标记。		
	我的发现			

 资料卡

托叶鞘的形状多种多样。有些植物，托叶的存在时间是短暂的，随着叶片的生长，托叶很快就会脱落，仅留下一个不为人所注意的着生托叶的痕迹(托叶痕)，称为托叶早落，如石楠的托叶。而有些植物的托叶能在整个生长季节中伴随叶片而存在，称为托叶宿存，如龙芽草叶柄基部有一对叶片状的托叶始终存在。也有些植物的托叶变得很细小，成针刺状，称托叶刺，如槐叶。有些植物的托叶彼此愈合成鞘状，包围在茎节的外面，如栀子、何首乌等。

拓展活动

调查周围托叶类型,写一篇观察日记或拍摄一段视频资料。

15. 叶 柄

课前准备

三角版　放大镜

认识叶柄

叶柄　叶片　托叶

户外观察

同学们,请到户外观察叶柄吧,注意边观察边记录。

邹城市凫山小学"一叶知秋"社团活动之"叶柄"观察记录表

时间:	地点:	观察者姓名:			
植物序号	叶柄长度	叶柄形状	叶柄粗细	叶柄颜色	其他发现
1					
2					
3					
……					

129

交流发现

 资料卡

　　叶柄是叶片与茎的连接部分,其上端与叶片相连,下端着生在茎上,通常叶柄位于叶片的基部。少数植物的叶柄着生于叶片中央或略偏下方,称为盾状着生,如莲。叶柄通常呈细圆柱形、扁平形或具沟漕。

　　有的叶子的叶柄很长,如荷叶的叶柄长一米以上;有的叶柄很短,如普洱茶的叶柄近乎无柄;有的叶柄极粗壮,有的叶柄细长;有的叶柄局部膨大成气囊,如水葫芦;有的叶柄基部形成膨大的关节,称为叶枕头;有的叶柄基部或全部扩大成鞘状,称为叶鞘,如伞形科叶的叶鞘;有些植物的真叶退化,叶柄化成叶状,称为叶柄状,如金合欢属植物;有些植物的叶没有叶柄,叶片直接着生在茎上,称为无柄叶。

 拓展活动

　　调查周围树叶的叶柄类型,写一篇观察日记。

16. 叶　哨

 **课前准备**

准备绿萝、槐树叶、松树叶子等一些常见的小树叶,放在塑料袋里带到课堂上来。

叶子音乐

同学们,你们想不想用树叶吹出美妙的声音?用树叶做哨子,吹出来的声音悦耳动听,清脆悠扬,带有泥土的芬芳。(辅助资源:"木叶声声"资源)

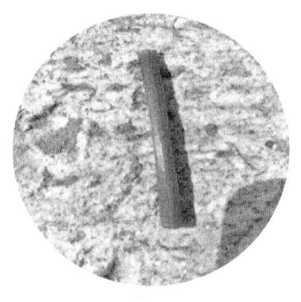

葱叶

绿萝叶

 温馨提示

准备无毒的叶子。

 资料卡

叶哨的制作方法

1. 选叶。可以选取榕树叶、竹叶等一些常见的小树叶,选叶的时候,要选稍嫩,不硬的叶子,以便叶子容易振动发音。

2. 卷叶。把叶子卷成喇叭形,把小的一边放在嘴里。

3. 运气吹。根据气流的不同大小吹送,发出不同的声音。

4. 反复练习。

 拓展活动

1. 为什么叶子会吹出声音呢?请查阅资料了解。

2. 做一只树叶哨子,练习吹,只要多练习,一定会吹出悦耳的声音的。

17. 叶之异同

课前准备

放大镜

观察下面的叶子,你觉得它们完全相同吗?

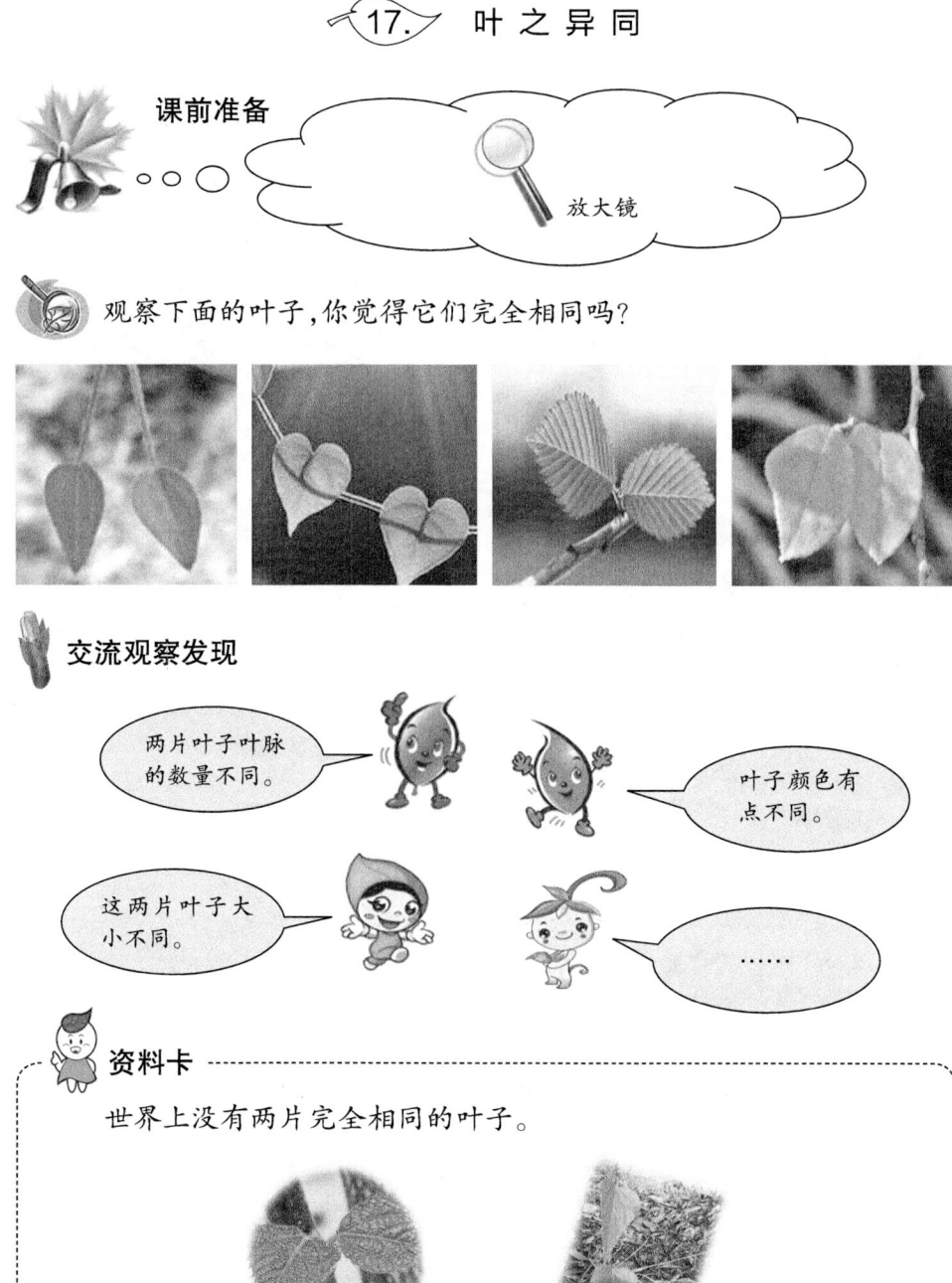

交流观察发现

两片叶子叶脉的数量不同。

叶子颜色有点不同。

这两片叶子大小不同。

……

资料卡

世界上没有两片完全相同的叶子。

 **拓展活动**

去野外寻找"两片完全相同的叶子",说说你的感受。

18. 叶 的 呼 吸

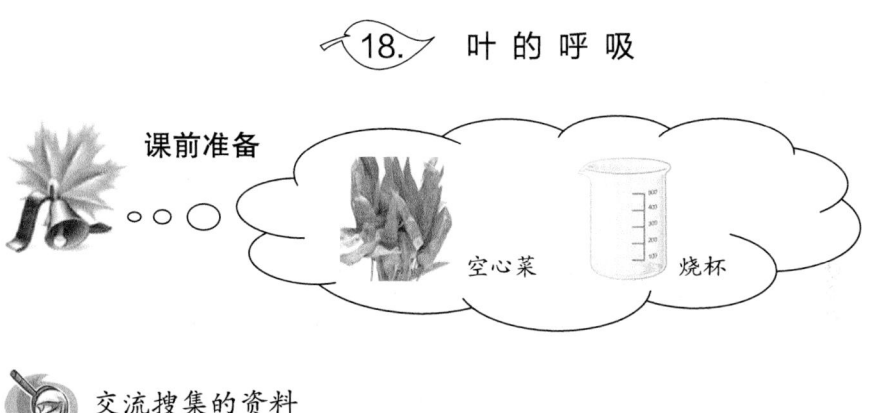

 交流搜集的资料

 气孔是气体交换的"窗口",让我们通过实验验证吧!

实验名称:气孔交换气体实验

实验目的:证明气孔是气体的交换工具。

实验材料:空心菜叶、烧杯、水、注射器。

实验步骤:

1.采摘完整的空心菜叶片,放在通风处一段时间。

2. 将空心菜浸在水中。
3. 取一支20毫升的注射器,将注射器的针嘴插进叶柄中,用左手捏紧叶柄断口处,右手用注射器向叶柄内注射空气。
4. 认真观察叶片正面和背面,有什么现象发生?这些现象说明了什么?

实验现象:

实验结论:

 交流发现

 资料卡

气孔就像人皮肤的汗毛孔,是与外界交换气体的通道。一般来说,气孔在白天开放,晚上关闭(景天科的植物除外)。气孔的关闭与打开是由保卫细胞来控制的。当保卫细胞吸水膨胀时,较薄的外壁易于伸长,向外扩展,但微纤丝难以伸长,于是气孔打开。气孔可以控制二氧化碳的进出。

 拓展活动

同学们,请把今天的学习内容写成观察日记吧。

19. 叶子工厂

课前准备

绿叶、酒精、塑料杯2个、剪刀一把。

 观察显微镜下的叶绿体,说一说你的发现。

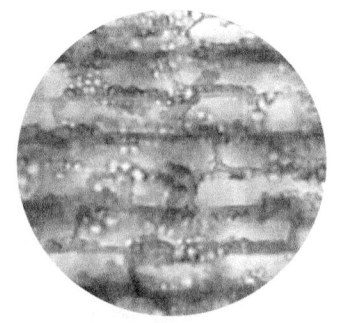
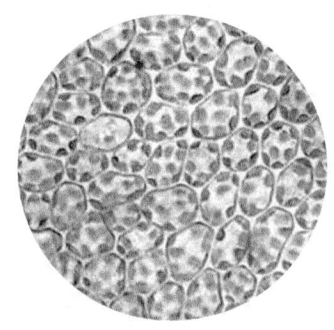

 我们做提取叶绿素实验吧

实验材料:绿叶、酒精、塑料杯2个、剪刀一把。

实验步骤:

  1. 分别往两个水杯中倒入少量清水和酒精;

  2. 将绿叶剪碎放入两个杯子中,每个杯子各几片;

  3. 轻轻摇晃杯子;

  4. 静置10分钟,观察两个杯子中液体颜色变化;

  5. 提取叶绿色。

实验现象:

实验结论:

交流提取叶绿素发现心得

我发现装有酒精的杯子,颜色变成绿色,颜色越来越深!

我发现装有清水的杯子颜色几乎没有变化!

绿色的水透明透明的,真好看!

……

 资料卡

提取叶绿素实验原理:

装有酒精的杯子,颜色逐渐变成绿色,而且随着时间的推移,绿色越来越深;而装有清水的杯子颜色却几乎没有变化。

原来,绿色叶子中含有一种特殊物质,我们称之为叶绿素。由于叶绿素可以溶于酒精,把绿叶剪碎后,叶绿素会跑到酒精里,所以酒精也变成绿色了。而叶绿素不溶于水,所以水杯的颜色基本没有变化。绿叶中有一种细胞器叫叶绿体,植物通过叶绿体进行光合作用,把光能、二氧化碳、水转化成化学能。

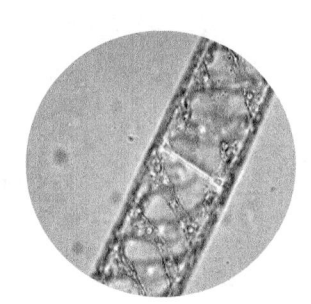

叶绿素是高等植物和其他所有能进行光合作用的生物体含有的一类绿色色素。叶绿素是植物进行光合作用时必须的催化剂。正是因为叶绿素在植物体内所起到的奇特作用,才使我们人类得以生存。

 拓展活动

同学们,你知道为什么把叶绿体叫作植物的加工厂吗?叶绿体和光合作用有关吗?什么是光合作用?这方面的知识在科学课上会学到的。

第四单元 黄叶翩翩

秋天是叶子的天堂,
肆意的黄,
没遮掩的红,
怒放的绿,
羞答答的紫,
像一只只彩蝶,
优雅地栖息大地。

嫩绿、新绿、金黄,
叶子以高台跳水的姿态,
完成一次生命的漂流。
别一枚叶子于胸前,
我的七彩梦,
在这个秋天绽放。

20. 叶子黄了

课前准备

课前观察叶子颜色

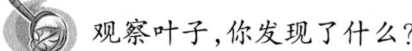

观察叶子,你发现了什么?

同学们,让我们一起室外观察叶子吧。

 资料卡

绿叶为什么变成"黄叶""红叶"和"褐叶"了呢?

树叶之所以是绿色的是因为叶子中有叶绿素,树叶中除了有叶绿素外,还有红色素、黄色素等许多色素,只是数量很少而已。到了秋天,绿色素慢慢褪去,红色素、黄色素便露了出来,使树林变得五彩缤纷,十分好看。

 叶子诗欣赏

观红叶
清·王国维

漫山填谷涨红霞,点缀残秋意太奢。
若问蓬莱好风景,为言枫叶胜樱花。

【译文】

枫叶像弥漫的红霞,铺遍秋山,填满山谷。它本只是残秋的点缀,现在却未免太多了。如果问到蓬莱三岛的好风景,我就会说枫叶胜过樱花。

碧玉箫·秋景堪题
元·关汉卿

秋景堪题,红叶满山溪。
松径偏宜,黄菊绕东篱。

【译文】

秋天的景色值得描绘,火红的枫叶漫山遍野。幽邃的松径,更使人神清气爽,大地上金灿灿的菊花团团盘绕菊园。

拓展活动

同学们,不仅叶子有绿色的,花朵也有绿色的,请查阅资料了解。

21. 叶子即落

课前准备

学生准备:一次性手套、板夹、铅笔、书。
教师准备:创可贴、风油精、板书纸、观察表格。

 仔细观看视频,并结合下面图片说一说"即落叶"的特点。(辅助材料:"即落叶"视频)

户外观察

1. 先根据叶子形状、颜色等特点猜测叶子是否"即落",再"触摸"验证,感受"一触即落"。

2. 边观察边记录。

邹城市凫山小学"一叶知秋"社团"即落叶"观察记录表

时间:	地点:	天气:	观察者姓名:	
观察重点思考:我们把即将落下的叶子叫作"即落叶"。认真观察"即落叶"的颜色、形状发生了什么变化?思考为什么?怎样判断叶子是否是"即落叶"呢?请同学们轻轻触摸,注意要轻轻触摸。				
即落叶	颜色	形状	重量	……
我的问题				
我想说的话				

 交流观察发现。

资料卡

即将落下的叶子为什么一触碰就落下呢?原来是"离层"的作用。

到了秋天,随着气温的下降,叶柄基部就形成了几层很脆弱的薄壁细胞。由于这些细胞很容易互相分离,所以叫作"离层"。离层形成后,稍有微风吹动,便会断裂,于是树叶就飘落下来了。

拓展活动

植物的离层是怎样形成的?"即落叶"为什么大多是卷曲的?请和家长一起继续观察研究。

22. 叶子书签

课前准备

吹风机

树叶书签欣赏

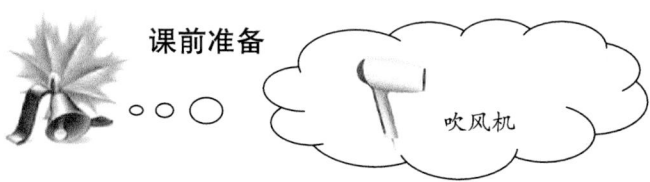

简易叶子书签制作

清水浸泡　　　　　　吹干　　　　　　夹书中

资料卡

把叶子放在清水中浸泡5分钟左右,用吹风机迅速吹干,均匀夹入书页中。

叶子书签制作方法口诀:捡树叶,清水泡,速吹干,夹书中。

 我的问题

制作叶子书签时,直接捡一片落叶夹入书中不行吗?为什么?

 悄悄告诉你

简易书签还可以作为一张小小的便笺!

 小组合作

制作简易书签

制作材料:树叶、清水、吹风机、厚书、报纸等。

 资料卡

书签是为记录阅读进度而夹在书里的小薄片儿,多用纸、陶瓷等制成。书签取材广泛,哪怕是一张用过的火车票、飞机票或一片叶子都可以当作书签。

 **拓展活动**

课下继续做叶子书签,送给家人或朋友作为新年礼物。

23. 叶子贴画(1)

课前准备

叶子、胶水、双面胶、卡纸。

 欣赏用叶子贴的画

 交流发现

原来叶子还可以贴出古诗意思呢!

用叶子还能贴出人形呢!

用叶子贴出的动物真可爱!

……

 资料卡

利用各种植物的枝叶可以制作出风格独特、形式新颖的叶贴画等叶贴艺术作品。

叶子贴画方法口诀：采树叶,夹书中;压平平,叶完整;耐心等,不暴晒;原生态,魅力现;叶片纯,切忌杂;重复用,善组合;叶籽梗,可综合。

 **拓展活动**

星期六(或星期天),在家人的陪伴下,去野外捡落叶。

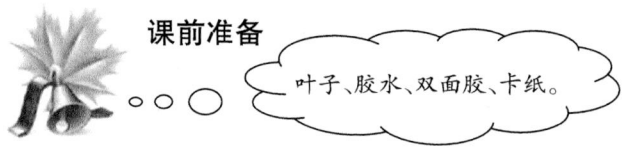

24. 叶子贴画(2)

课前准备 叶子、胶水、双面胶、卡纸。

 回忆学过的古诗词,联想画面。

1. 莲叶何田田,鱼戏莲叶间。
2. 两个黄鹂鸣翠柳,一行白鹭上青天。
3. 君看一叶舟,出没风波里。
4. 牧童骑黄牛,歌声振林樾。

 观察图片,进行古诗词叶子贴画创作。

1. 　　　　2. 　　　　3. 　　　　4.

分享心得

贴叶贴画时,准备的叶子形状要丰富。

制作关于古诗的叶贴画,首先要会背古诗,理解意思。

贴古诗叶贴画非常有意思。

……

拓展活动

继续创作古诗词叶贴画。

 25. 叶子贴画(3)

 课前准备

叶子、胶水、双面胶、卡纸。

欣赏叶贴画,分析动物叶贴画的结构,制作关于动物的叶贴画。

  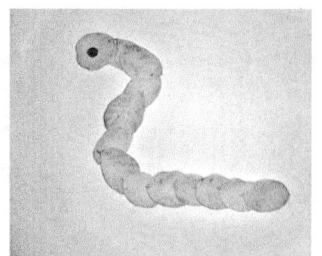

 合作制作叶贴画步骤

1. 构图:用铅笔在作业纸上画出准备贴画的轮廓。
2. 选叶:根据构图情况选择合适的叶子。

3. 摆图（叶子）：把选择的叶子摆放在合适的位置。

4. 粘贴：用双面胶或胶水把叶子粘贴在摆放的位置。

5. 题字：在叶贴画合适的位置写上叶贴画的名字和自己的姓名等信息。

 交流制作叶贴画心得

拓展活动

调查市场上叶贴画的销售情况，并写出简易调查报告。

26. 叶脉之画

课前准备

菩提叶、玉兰叶、小叶女贞叶

 欣赏叶脉画，你发现了什么？

交流感受

- 叶脉画很漂亮,制作时要很仔细才行。
- 我想制作叶脉画。
- 我喜欢有小鸟的叶脉画。
- ……

拓展活动

在家人的帮助下,制作你喜欢的叶脉画。

第五单元 叶落归根

叶子把所有的绿与黄,
留给秋天,
转身去了树洞,
避避风寒,
那里有双眼睛,
可瞭望外面的世界。
把叶子做成书签,
印上季节的页脚,
用时光一丝一缕地缝,
给雪花做个陪衬,
我在雪被下休眠,
等待春天发芽。

27. 叶子落了

 课前准备

查阅资料，了解叶子为什么落。

观赏落叶，提出问题

 室外观察落叶

序号	叶子名称	叶子颜色	叶子特点
1	悬铃木叶		
2	银杏叶		
3	核桃叶		
4	五角枫叶		
……			
我们的发现			
我们的问题			

交流观察心得

 我的问题

叶子为什么落下?

 资料卡

洛,既是声旁也是形旁,表示越过界河攻击。落,篆文(草,叶子)(洛,过河攻击),造字本义:比喻植物叶子不堪秋风寒霜的打击而飘零。

叶子不堪秋风寒霜的打击而飘零。落叶是树木为了自我保护,为了调节自己的体内平衡,减少水分、养分的损耗。大多数树木需要落叶。

 叶诗歌欣赏

落 叶

隋·孔绍安

早秋惊落叶,飘零似客心。

翻飞未肯下,犹言惜故林。

【译文】

秋气早来,树叶飘落,令人心惊;凋零之情就如同这远客的遭遇。树叶翻飞仿佛不愿落地;还在诉说着不忍离开这片森林。

落 叶(节选)
唐·修睦

雨过闲田地,重重落叶红。
翻思向春日,肯信有秋风。

【译文】

　　一场秋雨过后,庄稼已经收割了,闲置着的田地显得格外空旷,只见深红色的落叶脱离树干,层层叠叠地在半空中飞舞。落叶思绪翻飞,相信自己在凭借秋风而飞舞呢。

 拓展活动

多读几遍下面这些诗句,并试着背诵下来。
　　　　秋风吹渭水,落叶满长安。
　　落红不是无情物,化作春泥更护花。
　　无边落木萧萧下,不尽长江滚滚来。
　　春风桃李花开日,秋雨梧桐叶落时。
　　停车坐爱枫林晚,霜叶红于二月花。
　　山僧不解数甲子,一叶落知天下秋。

28. 落叶姿态

课前准备　铅笔、记录纸

叶面与叶背

叶面

叶背

资料卡

叶片的上表面（腹面），称作叶面；下表面即背面，也称叶背。

 户外观察

叶子落下时叶面朝上的情况多，还是叶背朝上的情况多？把调查情况填入表中。

邹城市凫山小学"一叶知秋"社团活动之"落叶姿态"观察记录表

	时间：	地点：	观察者姓名：
叶子总数	"趴着"（叶面朝下）的数量	"躺着"（叶面朝上）的数量	其 他
我的记录			
我的发现			
我的问题			

 交流发现

我发现落叶有的叶面朝上。

有的落叶叶背朝上。

我觉得叶面朝上的多。

……

 **拓展活动**

周末和家人或朋友野外捡落叶。

29. 叶脉书签

 **课前准备**

叶子（桂花叶、石楠叶、木瓜叶、茶树叶、兰叶等）、氢氧化钠、无水碳酸钠、烧杯、铁架台、酒精灯、毛质柔软的旧牙刷、玻璃板（刷叶脉时垫）

 欣赏叶脉书签

 制作叶脉书签并交流制作过程

借助氢氧化钠等药品。

使用药品要注意安全。

水泡法，虽然时间长些，但卫生安全。

……

资料卡

水泡法制作叶脉书签儿歌

选叶需细心,网状为首选。叶脉清晰不易腐,刷去叶肉脉相连。水泡树叶一两周,牙刷顺脉除叶肉,欲求美观可涂色,再到照相馆去过塑封。绘图写字赠亲友,礼物虽小韵味无穷。

 拓展活动

周末,和家人一起继续制作叶脉书签。

30. 叶的一生

 **课前准备**

准备树叶书签至少一枚、彩色笔、圆珠笔或签字笔。

 银杏叶在春天、夏天、秋天、冬天分别是什么颜色的?

春天,银杏的叶子小小的,嫩嫩的,绿绿的。

夏天,像小扇子一样的叶子挂满了银杏树梢。

秋天,"小扇子"变成了一只只金色的"蝴蝶"。

……

春夏秋冬的银杏叶

 资料卡

　　春天，银杏树发芽，开花，叶子呈浅绿色；夏天，叶子丰满，呈碧绿色；秋天，气温下降，叶子变黄；冬天，叶子呈黄色，晒干后变淡黄色或褐色。

 我的问题

是谁让叶子的颜色一变再变，循环往复？

 交流心得

如果你是银杏叶，在春夏秋冬不同的季节，你的心情是怎样的呢？

展示成果

关于叶子的画、音乐和诗歌,你最喜欢哪一种?请选择你喜欢的来展示吧。

 拓展阅读

推荐阅读《一片叶子落下来》内容片段:

"既然我们都要飘零落下,干吗还要生长在这呢?""是为了享受太阳和月亮,是为了一起过那么长的一段快乐时光,是为了把影子投给老人和孩子,是为了让秋天变得五彩缤纷,是为了四季。难道这还不够吗?"

这是书中的一段话:

一片叶子落下来,是关于生命的故事。春天过去了,夏天会来。夏天过去了,秋天回来,秋天过去了,冬天会来。当一片叶子由叶芽渐渐长大,在夏天为人们遮荫、带来清凉,秋天为大地披上了五彩的衣裳时,冬天寒风无情地把同伴拽下大树时,它也很害怕,它也害怕死亡!可是,当它经历了风霜时,它却感觉很温柔,一点也感觉不到疼。风把它吹落下大树时,它第一次看到了大树的伟大雄壮,它很自豪。因为它知道它曾经是那棵大树生命的一个音符,一个乐章。

 拓展活动

选择一株植物的叶子进行长期观察。模仿《一片叶子落下来》,写一篇小童话,把叶子的成长过程记录下来,可用图片、文字或视频等形式记录。

31. 叶书古诗

课前准备

准备至少一枚树叶书签、彩色笔、圆珠笔或签字笔。

同学们，你们知道古代人把字写在什么物体上吗？

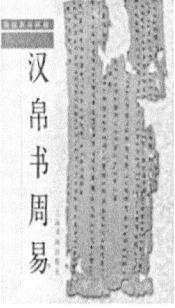

甲骨文　　　　　　　帛　　　　　　　　石书

  资料卡

古人的书写材料可谓种类颇多，各具特色。龟甲、兽骨、竹简、锦帛等不一而足。石材、黄金、树皮、贝叶、黏土、羊皮、麋鹿皮草、铁片都可以作为书写材料。

 把你学过的诗写在叶子上。

1. 选叶。宜选择叶子较大而韧性好的叶子。（如悬铃木叶）
2. 选笔。宜选择用彩色笔等笔尖较软的笔书写，以免划破叶子。
3. 书写。一般选择字数少、寓意深的名言警句较好。

 **拓展活动**

课下，继续在叶子上书写你喜欢的古诗。

第六单元　美　好　回　忆

我们曾经走过，
留下一串串深深的足迹。
我们的足迹，
记录着美好的回忆。
我们的足迹，
承载着很多的甜蜜。
我们的足迹，
定格在每一幅照片里。
我们的足迹，
跳跃在每一篇日记里。
我们的回忆，
美美地蕴涵在每一次观察里……

32. 美 好 回 忆

课前准备

整理参加"一叶知秋"社团活动相关图片或文字资料。

观看观察图片说感受

我喜欢野外观察，很有意思。

我觉得我写的日记很好。

看到自己的照片特别开心。

……

拓展阅读

说说下面古诗中的"叶"是什么季节的?为什么?

咏 柳
唐·贺知章

碧玉妆成一树高,万条垂下绿丝绦。
不知细叶谁裁出,二月春风似剪刀。

江 南
(汉乐府)

江南可采莲,莲叶何田田。
鱼戏莲叶间,鱼戏莲叶东,
鱼戏莲叶西,鱼戏莲叶南,
鱼戏莲叶北。

山 行
唐·杜牧

远上寒山石径斜,白云生处有人家。
停车坐爱枫林晚,霜叶红于二月花。

赠刘景文
宋·苏轼

荷尽已无擎雨盖,菊残犹有傲霜枝。
一年好景君须记,最是橙红橘绿时。

 拓展活动

虽然我们学习完了《一叶知秋》课程,但是关于叶子还有很多有趣的话题值得我们去探究,除了"长在古诗里的叶",还有"舌尖上的叶""中医里的叶""动物与叶子""环保与叶子"等内容。

利用一周时间,请同学们查阅资料,走进自然观察,把观察的作品分享在"一叶知秋"微信群。

*选学内容

33. 叶子大小

课前准备

面积单位纸片、直尺、记录纸等。

 用面积单位、直尺或手掌估测叶面的大小。

 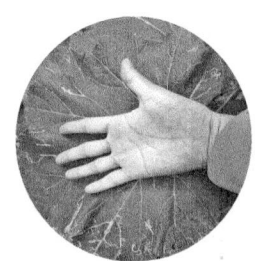

 温馨提示

1. 两人一组,小组合作。
2. 注意爱护叶子。

 交流观察

有的叶子大约1平方米左右。

有的叶子长10多厘米,宽6厘米多。

我发现的叶子和我的手指甲盖大小差不多。

……

资料卡

世界上有成千上万种不同的植物,它们的叶子大小也有差异。小的不足1平方毫米,大的超过1平方米。芭蕉的叶子大小是石楠花叶子的百万倍。

 **拓展活动**

植物的叶子厚度和什么因素有关呢?请查阅资料了解。

34. 叶子厚薄

 **课前准备**

纸、直尺、记录纸、铅笔等。

 用眼睛、手指或借助纸张等工具感受叶子的厚薄。

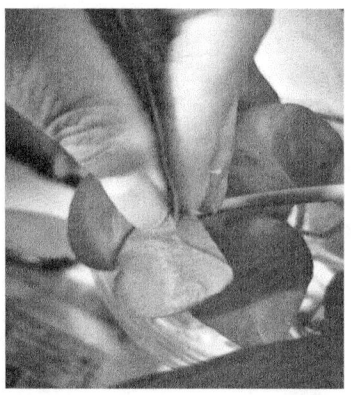

 **温馨提示**

小组合作,两人一组观察,注意测量时不要破坏叶子。

资料卡

叶子厚度是指叶片的厚度。龙蛇兰的叶子很厚,有的达20多厘米厚。最薄的是浮萍科某些植物的叶片,只有一层细胞。薄的叶子较多,而厚的叶子较少。

 拓展活动

植物的叶子厚度和什么因素有关呢?请查阅资料了解。

35. 叶面质感

 **课前准备**

放大镜、记录纸、铅笔等。

 室外观察,交流观察发现。

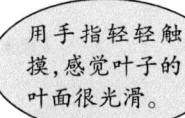 用手指轻轻触摸,感觉叶子的叶面很光滑。

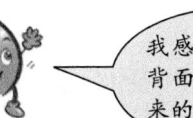 我感觉有的叶子背面有一条突出来的"小绳子"。

有的叶子叶面疙疙瘩瘩的,不平,有一种凉凉的感觉。

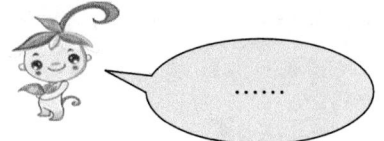 ……

 资料卡

叶子质感,简单地说就是用手触摸的感觉。有的叶子软软的,有的叶子滑滑的,还有的叶子……

 **拓展活动**

植物的叶子质感和什么因素有关？请查阅资料了解相关知识。

＊拓展资源：《诗经》里的叶（见附录2）

第三节 《一叶知秋》教学参考建议

说　明

《一叶知秋》教学参考建议包括课程总目标、具体目标、实施建议、评价建议、单元教学建议、课时教学参考等内容，供教师指导教学时使用。

第一单元　"神奇的叶"单元教学建议

本单元包括《叶之叶韵》一课时内容。

"叶之叶韵"集中呈现了叶子音乐、叶子色彩、叶子图片、叶贴画、叶子舞、叶子诗歌等内容，旨在引领学生走进叶的世界，初步感知叶子的丰富多彩。

根据四季叶子的颜色特点，教材选择了《柳》《晓出净慈寺送林子方》《山行》和《落叶》四首古诗，让学生从诗词描述中初步感知春夏秋冬四季叶子的不同。

教学建议：室内教学1课时。

1. 叶 之 叶 韵

本节课教学的重点是让学生初步走进叶子的世界，通过聆听叶子音乐，欣赏叶子美图,对叶子的美建立初步的印象。

教学时以引领学生欣赏为主。根据实际教学需要,此课也可组织社团报名工作或以呈现《一叶知秋》课程资源为主要内容的"社团活动第一课",以激发学生观察兴趣。

第二单元 "嫩芽含苞"单元教学建议

本单元包括《我的小树》《小树发芽》《观察嫩芽》《春天叶颜》四课内容。

本单元教学目标是通过跟踪观察银杏叶或其他植物的叶子,使学生了解嫩芽的特点,感受嫩芽生机勃勃的生命活力。激发学生的观察兴趣,陶冶学生热爱自然的性情。

四节课程内容的编排方式都是"教案行文",教师可以根据身边植物叶子情况,灵活选择教学时间和教学素材。

2. 我 的 小 树

教学时,可以选择植树节期间和学生一起在校园内植树。建议选择四季叶子有明显变化的植物,比如银杏树等。

3. 小 树 发 芽

教学时,可以按照素材组织方式实施,让学生边观察边记录银杏嫩芽的生长情况,然后组织学生交流汇报,鼓励学生用自己喜欢的方式交流观察发现。

4. 观 察 嫩 芽

观察嫩芽阶段需持续至少三周,让学生经历芽苞变成嫩芽、嫩芽再变成叶子的整个过程。观察时鼓励学生综合运用各种感官参与观察。

5. 春 天 叶 颜

本节课观察的重点是新生叶的颜色和形态。通过观察使学生理解新生叶与老叶颜色之所以不同,其主要原因是光照量的不同。为培养学生的观察能力,每次观察需聚焦一个观察重点。

在引领学生观察春天叶子的颜色时,也要关注常青树的新生叶位置,通过观察新生叶的位置,使学生理解新、老叶子更替的自然规律。

第三单元 "绿意盎然"单元教学建议

本单元包括《叶子真绿》《叶子真美》《泥塑叶子》《叶之家人》《叶尖》《叶缘》《叶脉》《叶脉本领》《托叶》《叶柄》《叶哨》《叶之异同》《叶的呼吸》《叶子工厂》等十四课内容。

本单元教学的主要目标是引导学生通过观察叶形、叶缘、叶脉、叶尖、叶柄、叶托、叶子颜色等活动,使学生掌握叶子的知识,培养学生边观察边记录的习惯,以提高学生的观察能力。让学生感知夏季叶子特征,通过观察感悟叶子的多样性,感受大自然的神奇。

教学时可充分利用卷首诗歌,让学生通过诵读卷首诗歌,初步感知夏天叶子的绿意盎然。

6. 叶 子 真 绿

本节课是"绿意盎然"单元的第一课时,通过引领学生观察叶子,使学生感知叶子的"绿";通过"叶"的造字来源,使学生初步理解叶的作用;通过观察不同叶子不同程度的绿,培养学生的观察能力。

教师可参考《课程资源》进行教学,也可根据周围叶子情况,灵活调整教学内容,还可以安排提取叶绿素实验。

7. 叶子真美

本节课教学的主要目标是使学生通过观察叶形、叶脉、叶缘、叶尖、托叶等叶子的各部分特征,提高学生的观察能力,使学生体悟自然的奥秘。教学时可适当结合相关古诗词,让自然观察更富诗意,也可将节气知识渗透观察活动之中,把植物的生长情况与节气联系起来,拓宽学生视野。

8. 泥塑叶子

本节课教学的主要目标是通过引导学生使用橡皮泥、牙签,在废旧透明塑料瓶上、纸上或其他载体上塑造"叶形",使学生进一步感受叶子的多样性,以激发学生的创造力。

9. 叶之家人

本节课教学的主要目标是使学生了解叶子的组成部分,掌握叶子各部分名称,为下一步观察叶柄、叶脉、叶尖、托叶、叶缘做准备。通过教学使学生了解不同叶子的组成部分有所不同,体会叶子世界的丰富性。

教学时,教师可先引导学生认识叶子的各部分名称,然后进行室外观察。在观察时,注意不要让学生摘下叶子,对学生适时进行爱护植物的教育。

10. 叶 尖

本节课教学的主要目标是引领学生在观察叶尖的过程中发现不同类型的叶尖,体验叶尖的多样性,体悟大自然的神奇魅力。

教学时,教师可让学生参照"叶尖表"室外观察各种叶子的叶尖。建议教师和学生一起观察,及时交流反馈观察所得。

11. 叶　　缘

本节课教学的主要目标是引领学生通过画一画、摸一摸等活动,认识叶缘,体会叶缘的多样性,感悟自然的奥秘。

教学时,教师可通过画图的方式使学生明白叶缘的概念,然后让学生对照"叶缘表"观察校园叶子的叶缘。在教学过程中,可以拓展鲁班发明锯子的故事,适时对学生渗透科学精神教育。

12. 叶　　脉

本节课教学的主要目标是使学生通过观察叶脉,体会叶脉的多样性,感受叶脉的丰富性,从而体悟自然的魅力。在观察过程中,要培养学生边观察边记录的习惯,以提高学生观察能力。

活动分为三个阶段,首先是室内教学阶段,教师可通过课件,展示各种不同形状的叶脉,让学生明确叶脉概念,激发学生观察叶脉的兴趣。其次,让学生通过描绘叶脉以体验叶脉的形状,为室外观察做好准备。然后是室外观察阶段,指导学生以小组为单位,在规定的区域内观察叶脉,边观察边记录。最后撰写观察记录,交流观察发现。

13. 叶 脉 本 领

本节课的主要教学目标是通过实验了解叶脉的运输、支撑功能。此教学步骤和思路可参考小学科学课程"植物的茎"(青岛版小学科学三年级上册第2单元第3课)组织教学,引导学生先猜测叶脉的作用,再通过实验操作验证,最后得出结论。

14. 托　　叶

本节课的教学主要目标是通过引领学生观察托叶,进一步激发学生的观察兴趣,培养学生观察细节的能力,使学生进一步感悟大自然的魅力。

教学时,教师可先让学生了解托叶的概念,然后带领学生到室外用放大镜观察托叶,最后交流汇报观察发现和心得。

15. 叶　柄

叶柄的教学主要目标是让学生通过观察了解叶柄有关知识,能在植物植株上辨认叶柄;通过摸一摸、量一量等方法,体会植物叶柄的多样性,培养学生的观察能力,感受植物世界的丰富性。

教学时,鼓励学生用不同的方式描述对叶脉的理解。

16. 叶　哨

叶哨,顾名思义是用叶子做成的哨子,可以吹出音乐。本节课的教学目标是使学生通过使用叶子吹音乐,知道如何选择合适的叶子,掌握吹叶哨的基本方法,激发学生对叶子的热爱,感受叶子的神奇。

教学时,可先让学生闭着眼睛聆听"木叶声声"音乐,以激发学生兴趣,然后教给学生吹叶哨的方法,最后引领学生尝试练习。一节课时间内学生很难吹出旋律,鼓励学生坚持练习。

17. 叶 之 异 同

本节课的教学主要目标是让学生通过比较叶子的异同,培养学生的观察能力,渗透"同中有异,异中有同"的哲学思想。叶子的世界是多样性的统一,叶子因不同而丰富,因相似而和谐,用不同的叶子可以组成不同的图画,相似的叶子也可绘成类似的精彩。

教学时,教师可充分利用课程资源引导学生观察"形似叶",交流观察发现,体会叶子异同。

另外,《课程资源》中的图片仅供参考,教师可根据教学需要选择不同的叶子资源。

18. 叶 的 呼 吸

本节课的教学主要目标是让学生掌握实验的步骤和方法,通过实验了解叶子的呼吸,加深对叶子的理解。

本节课是一节动手实验课,实验目的是证明气孔是气体交换的工具。教学步骤可以参考国家课程小学科学教材中"植物的茎"进行教学。教学前,教师应准备能够吸收红墨水的植物叶子。

19. 叶 子 工 厂

本节课的主要教学目标是让学生明白叶子的加工厂是"叶绿体",引导学生从实验层面验证叶子大多是绿色的原因。掌握实验步骤和方法,提高学生的合作探究能力,增强学生对科学探究的兴趣,培养学生的科学素养。

第四单元 "黄叶翩翩"单元教学建议

本单元教学内容包括《叶子黄了》《叶子即落》《叶子书签》《叶子贴画》和《叶脉之画》等内容。

主要目标是通过观察、触摸、制作等活动,让学生了解叶子"黄"的原因以及"落"的道理,知道离层形成原因;会制作书签,会灵活运用落叶贴出喜欢的动物、熟悉的植物和学过的古诗词的插图等;培养学生的观察能力、动手操作能力以及创新精神,体悟大自然的神奇魅力。

20. 叶 子 黄 了

本节课的主要教学目标是让学生运用对比的方法,通过观察落叶与未落叶,了解落叶的特点,知道秋天叶落原因,提高学生的观察能力,陶冶学生美的情操。教学时可穿插落叶诗教学,让课堂充满诗情画意,让学习成为美的享受。

21. 叶子即落

"即落叶"是即将落下的叶子,本节课的主要教学目标是通过引导学生触摸即将落下的叶子,体悟"一触即落"的特点,理解离层含义,感悟生命的神奇。

教学时可引导学生先猜想,再进行观察验证。可利用视频资源,让学生明确如何判断"即落叶",了解"即落叶"的特点,然后带学生去室外观察触摸。

另外,观察后,让学生把触摸掉的叶子捡起来夹在书中,为制作叶子标本积累素材。

22. 叶子书签

本节课教学的主要目标是使学生通过利用落叶制作叶子书签活动,掌握叶子书签的制作过程和方法,体会叶子的价值,进一步增强学生对叶子的喜爱之情。

教学时,教师可在室内播放《一叶知秋》课件之"叶子书签",让学生观察叶子书签,了解制作步骤和制作方法,然后带领学生捡落叶并观察落叶特点。

23~25. 叶子贴画

冬季叶落时,组织学生在室内进行叶贴画创作活动,内容可分为植物、动物和诗歌等主题。

为开展叶贴画教学活动,教师需要联合家长收集各种形状、各种颜色的叶子，需要在不同时期收集不同的叶子作为叶贴画素材。

"植物"类叶贴画的课程重点可放在"叶贴花"的教学上；"古诗词类"叶贴画对学生来说有一定难度，需要精选一些简单的古诗词，引导学生抓住古诗词重点事物来贴，比如"两只黄鹂鸣翠柳"的两只"黄鹂"与"柳"，"曲项向天歌"中的"鹅"与"水"，以及"鱼戏莲叶间"的"鱼"与"莲"等。

26. 叶 脉 之 画

叶脉画教学的主要目标是使学生通过欣赏各种叶脉画作品，提高学生对美的感受力，进一步增强学生对叶子的热爱、对自然的热爱。

本节教学内容以欣赏为主，建议在学生不适合室外观察时进行教学。

第五单元 "叶落归根"单元教学建议

本单元教学包括《叶子落了》《落叶姿态》《叶脉书签》《叶的一生》《叶书古诗》等内容。

主要目标是通过观察、触摸、制作、欣赏等活动，使学生了解叶子"落"的原因，通过引导学生欣赏叶脉书签等内容，拓宽学生视野，使学生进一步体验叶子的魅力，激发学生的探究欲望。

27. 叶 子 落 了

本节课教学的主要目标是观察落叶特点，使学生通过观察能提出"为什么"等问题，主动探究叶子落的原因。

通过"落"字的由来，让学生了解叶落的含义，理解大自然中叶子生活的规律，进一步体悟大自然的奥秘。

教学时，教师可先引导学生观察落叶特点，了解"落"的含义，然后带领学生去室外观察落叶的特点，探究叶子落的原因。鼓励学生针对观察的现象提出不同问题，培养学生的问题意识。

28. 落叶姿态

本节课教学的主要目标是引导学生观察落叶姿态,让学生学会调查统计的方法,明白科学需要尊重证据的道理。

教学之前,教师可先举例说明叶子"趴着""躺着"的含义,再引导学生猜想叶子落下时"趴"着的多,还是"躺"着的多;然后带领学生分组合作调查统计,运用画"正"字等统计方法记录观察结果,最后交流汇报调查情况。

"落叶姿态"教学重点是让学生经历观察的过程,培养学生的探究兴趣,正确答案对于观察能力、兴趣来说不是最重要的,尤其在答案不确定的时候。对叶子落下时的姿态,建议教师不要轻易下结论,应鼓励学生带着问题继续探究。

29. 叶脉书签

本节课教学的主要目标是使学生通过欣赏叶脉书签,以及书签制作方法,使学生进一步体会叶子的价值,增强学生对叶子的喜爱之情。

此课可与"叶子书签"合并教学,作为"叶子书签"教学内容的拓展内容。

本节课的教学重点是欣赏而不是制作,制作可作为拓展内容,供学有余力的学生选择。

30. 叶的一生

本节课的教学目标主要是通过引领学生回顾叶子一生的生长情况,使学生明白叶子一年四季呈现不同的颜色及其形成原因。

教学时,教师可以引导学生回顾叶的一生,并和人的一生联系起来,对学生渗透生命教育。此课可与"32课"合并教学。

31. 叶书古诗

本节课的教学主要目标是引导学生把诗歌写在叶子上,让诗词和自然有机融合,对学生进行美的教育和熏陶。

通过叶书古诗,使学生进一步感受叶子的神奇,进一步增强学生对叶子的感情,激发学生对大自然的热爱。

第六单元 "美好回忆"单元教学建议

本单元的主要教学目标是引领学生回忆一年的学习过程,评价学生的学习情况。教学时,教师要遵循多元评价原则,在教师评价的基础上,引导学生自我评价、同学互评。

32. 美好回忆

本节课教学的主要目标是引领学生回顾反思,使学生在回顾中感受学习过程的美,感受亲自观察的价值和魅力。

教学时,教师可统计学生参与社团活动的次数,用课件展示学生观察剪影,让学生在剪影中找到自己,满足学生的学习成就感,增强学生学习自信心。其次,可统计学生写随笔的篇数,欣赏一学期以来学生写的随笔或观察记录,在对比中找到不足,让学生在欣赏作品中内化对叶子相关文化的理解。最后,指导学生写参加"一叶知秋"社团活动的心得体会。

选学内容的教学建议可参考上述同类型课例,室内室外教学结合,观察与交流同步进行。

教学案例参考

15.《叶柄》教学设计

单元	第三单元 绿意盎然	单元课时	14
主题	叶柄	总课时	1	第1课时

背景分析	"叶柄"是第三单元"绿意盎然"中的教学内容,是本单元《叶尖》《叶缘》《叶脉》教学内容中观察"叶子各部分名称"的最后一节教学素材。 　　教学中,综合运用"画一画""摸一摸""量一量""绕一绕"等观察方法。 　　教学的知识前提是观察叶尖、叶缘、叶脉时掌握的观察方法。 　　学习重点是综合运用摸一摸、量一量、画一画等方法观察叶柄,了解叶柄的多样性。 　　教学难点是聚焦观察重点,有效合作交流。
教学目标	知识目标:通过观察,使学生知道叶柄的有关知识;知道"量一量""摸一摸"等也是观察方法。 　　科学探究目标:通过观察,使学生能在植物植株上辨认叶柄,掌握"量一量"等观察方法,培养学生的观察能力。 　　情感、态度、价值观目标:通过教学,使学生了解植物叶柄的多样性,体会植物世界的丰富性,感悟大自然的神奇魅力,激发学生对大自然的喜爱之情。 　　工程、技术与社会及课程文化目标:知道学习知识需要多种感官参与。
评价设计	知识目标评价任务:能真实记录观察情况,能用自己的语言描述观察的叶柄类型。 　　科学探究目标评价任务:能综合运用"量一量""绕一绕"等多种观察方法观察叶柄的情况,做到边观察边记录。 　　情感、态度和价值观目标:能用文字或图画表达观察感悟,观察时能聚焦观察重点,善于和同伴交流,汇报时积极主动,能创编观察儿歌并演唱叶柄儿歌等。 　　工程、技术与社会及课程文化目标评价任务:能正确灵活运用各种感官进行观察活动,能正确使用工具进行观察。
学与教活动设计	此教学方案分为四个教学活动或教学步骤: 　　活动一:室内教学,初步认识叶柄。 　　通过《一叶知秋》教学素材,指导学生认识叶柄,引导学生根据生活经验猜测叶柄的形状、长度等情况。向学生发放观察记录单,帮助学生聚焦观察重点。带学生走出教室,走进校园观察叶柄。 　　活动二:室外观察,多方位观察叶柄。 　　引导学生根据观察记录表内容,利用放大镜、直尺、细线等工具,分组合作观察。通过"看一看""量一量""绕一绕"等方法,分别从颜色、形状、长度和粗细等方面全方位观察叶柄。

学与教活动设计	活动三：分享交流，体悟叶柄多样性。 学生调查统计后，教师组织学生分享交流，鼓励学生依据观察记录表，用儿歌等不同方式交流分享。 鼓励学生课下继续观察校外的植物叶柄形状，并写观察日记。
备注	观察儿歌： 叶子"胳膊"叫叶柄，长短粗细各不同。长的能达10厘米，短的也有几厘米。叶柄形状各不同，大多都是长条形。叶柄颜色真奇特，赤橙黄绿青蓝紫。如果你想发现它，需要继续去观察。

第四单元 "黄叶翩翩"单元教学方案

单元名称	黄叶翩翩	学科（领域）	校本课程	单元总课时	7
年级	二至五年级	班级人数	30	课程类型	综合实践
背景分析	本单元是在秋冬季节教学的课程内容，冬季天气冷，不适合让学生外出观察，叶子落了，观察的内容也受局限，所以在本单元安排了三节叶子贴画教学内容。叶子贴画教学注重传统文化与自然学科的融合，具体内容包括观察、触摸和调查以及制作等课例。 本单元的设计起着承上启下的作用，是《一叶知秋》校本课程典型的随季节创编的课程资源。					
单元目标	本单元教学内容包括《叶子黄了》《叶子即落》《叶子书签》和《叶子贴画》《叶脉之画》等7课的教学设计。 本单元教学目的是通过观察、触摸、制作等活动，使学生了解叶子"黄"的原因；"落"的道理，知道离层形成原因；会制作书签；能灵活运用落叶贴出自己喜欢的动物、熟悉的植物及学过古诗词的插图等。培养学生的观察能力、动手能力以及创新精神；通过亲历观察，体悟大自然的神奇魅力，对学生进行生命教育。					
评价设计	知识目标评价任务：能真实记录观察情况，能用自己的语言准确描述"落叶姿态""即落叶"的情况，知道制作叶贴画的基本步骤和方法。 科学探究目标评价任务：初步掌握"正"字等调查统计方法，会制作书签，会使用叶子贴出各种类型的叶子贴画。 情感、态度、价值观目标评价方法：能聚焦观察重点，边观察边记录，能与同伴合作，分享交流观察情况，能充满好奇地提出不同的问题。 "能力和情感"目标还将在其他教学素材的教学中进一步渗透。 技术与工程目标评价任务：会利用落叶创作叶子贴画等作品。					
学与教活动设计	一、本单元总体学与教设计 本单元教学课时为7个课时，教学分为"室内指导"和"室外观察"两部分。					

第五章 《一叶知秋》校本课程相关资源

续 表

学与教活动设计	在进行室内指导时，注重利用课件资源，明确本节教学内容观察的重点和注意事项；在进行室外观察时注意为学生分组，划定相对固定的区域观察；注重利用观察记录表，规范学生观察行为，引导学生聚焦观察重点，指导学生边观察边记录，教师应及时跟进，和学生一起观察。 　　注意：跟随季节变化，随时调整教学顺序。 　　二、具体课时学与教活动设计 　　教学《叶子黄了》时运用对比的方法，让学生通过观察落叶与未落叶，知道落叶的特点，理解秋天叶落的原因；提高学生的观察能力，陶冶学生美的性情。 　　教学时可穿插落叶诗，让课堂充满诗情画意，让学习成为美的享受。 　　教学《叶子即落》时，先引导学生猜想，再进行观察验证。可利用视频资源先让学生明确如何判断"即落叶"以及"未落叶"的特点，然后带学生去室外观察触摸，注意引导学生触碰"即落叶"落后即捡起，夹在书页中，为做叶子书签做准备。 　　教学《叶子书签》的主要目标是让学生充分利用落叶制作叶子书签，了解叶子书签的制作过程和方法，体会叶子的价值，进一步增强学生对叶子的喜爱。 　　室内教学时可播放《一叶知秋》课件之"叶子书签"，让学生观察叶子书签，教师讲解制作步骤并演示制作方法，然后带领学生走出教室、走出校门，捡落叶并观察落叶特点，鼓励学生提出问题。 　　教学后可把"制作过程"分享到"一叶知秋"微信群，让学生在家长的帮助下，利用周末户外捡落叶制作书签，为"叶子贴画"积累素材。 　　在进行《叶子贴画》教学时，教师需要在不同时期收集不同形状、不同颜色的叶子作为叶贴画素材。 　　"植物"类叶子贴画课程的重点可放在"叶贴花"的教学上；"古诗类"叶贴画对学生来说有一定难度，需要精选一些简单的古诗，引导学生"贴"出插图。 　　三、单元课时安排

时间（周次）	课　题	课时	备　　注
第四周	叶子黄了	1	随季节调整。
第五周	叶子即落	1	观察校园树木叶子即落情况。
第六周	叶子书签	1	需收集各种叶子素材。
第七周至第十周	叶子贴画	3	重点与传统文化及古诗词相融合。

备注	本单元教学设计属于《一叶知秋》校本课程中的第四单元。《一叶知秋》跟随季节，一共设计了六个单元模块。分别为《神奇的叶子》《嫩芽含苞》《绿意盎然》《黄叶翩翩》《落叶归根》和《美好回忆》。 　　第一单元是引领学生走近叶子，初步感受叶子的神奇，第六单元是对观察叶子一年的总结回顾，其余四单元皆为跟随季节而创编的资源，应跟随季节实施教学。

21.《叶子即落》教学设计

单元名称	黄叶翩翩		单元课时	7
主题	叶子即落（即落叶）	总课时 1		第1课时
背景分析	《一叶知秋》课程资源第四单元的内容主要包括《叶子黄了》《叶子即落》《落叶姿态》《叶子书签》。 教学主要目标是通过引领学生观察、触摸、制作等活动，使学生了解叶子"黄"的原因以及"落"的道理，理解离层形成原因；会制作叶子书签，培养学生动手能力以及创新精神；体悟大自然的神奇魅力，渗透、挖掘、提炼生命教育文化。 "叶子即落"是帮助学生通过触摸即将落下的叶子，体悟生命教育的重要课题之一，在本单元教学中起到承上启下的作用。学生的知识基础是已经知道了叶子黄的原因。本节课学习重点是通过触摸"即落叶"，使学生理解"离层"含义，体悟大自然的神奇。教学难点是如何引导学生聚焦观察重点，渗透、挖掘和提炼生命教育文化。			
教学目标	知识目标：通过引领学生观察触摸即将落下的叶子，了解即将落下的叶子的形状、颜色等特点，理解"离层"含义。 能力目标：提高学生的观察能力，培养学生的问题意识。 情感、态度、价值观目标：学生通过"触摸"等活动体悟大自然的神奇，渗透生命体验教育。 课程文化目标：触摸落叶，体验生命的脆弱和伟大。 技术、工程目标：教学生使用落叶制作叶贴画，创作叶子作品。			
评价设计	知识目标评价任务：学生能如实填写《观察记录单》，能用自己的语言描述"即落叶"特征和离层的含义。 科学探究目标评价任务：学生能认真投入观察，聚焦观察重点，并能边观察边记录，提出有价值的问题等。 情感、态度、价值观目标评价任务：《观察随笔》真实、有趣；能自觉"轻轻触摸"叶子，且积极与同伴分享交流。 课程文化目标评价任务：学生能触摸落叶，体验生命的脆弱和伟大。 技术与工程目标评价任务：叶子作品丰富而有新意。			
学与教活动设计	学生活动与教师教学方案分为四个步骤： 步骤一：教师室内指导 教师通过引导学生观看"即落叶"视频，让他们知道什么是"即落叶"，如何判断"即落叶"，为学生发放观察记录表，教师说明观察要求和重点。 步骤二：学生室外"触摸" 允许学生在教师划定的相对固定的区域内，以小组为单位，自由选择某棵树进行触摸观察，教师与学生一起观察，随时指导学生的观察行为。 步骤三：师生分享交流 学生观察后，让学生根据观察记录表交流观察情况，说出观察感受。			

续 表

学与教活动设计	步骤四：拓展分享延伸 　　教师把学生的观察情况做成美篇，通过"一叶知秋"微信群分享给家长，把校内活动拓展到校外。
备注	"即落叶"是教师根据即将落下时的叶子特点而创编的教学素材，简称"即落叶"。

28.《落叶姿态》教学设计

单元	第五单元　叶落归根		单元课时	5
主题	落叶姿态	总课时	1	第1课时
背景分析	\multicolumn{4}{l	}{　　"落叶姿态"是第五单元"叶落归根"中的教学内容，是一节"调查"类型的课程资源，对本单元教学目标中的"激发学生探究欲望"起到重要作用。 　　学生通过学习《叶子即落》和《叶子落了》，理解了叶子落的原因，对落叶有了一定的感情，这是这节课教学的前提；本节课学生的学习重点是调查统计落叶姿态情况，懂得科学探究要尊重事实的道理，激发学生的探究兴趣；学习难点是对调查结果进行理性分析和提出有价值的科学问题。}
教学目标	知识目标：通过调查统计落叶情况（叶背朝上还是叶面朝上），使学生了解落叶姿态，并学会合理选择调查统计方法。 　　科学探究目标：通过调查统计，提高学生的调查统计能力和提出问题能力。 　　情感、态度、价值观目标：通过教学使学生善于提出问题，激发学生的求知欲和好奇心，对学生渗透生命体验教育并培养环保意识。 　　工程、技术与社会目标：使学生知道调查统计是解决问题的主要方法之一，并学会创造性地使用其他调查统计的方法。 　　课程文化目标：落叶涵养智慧，是生命的休眠。
评价设计	一、知识目标评价任务 　　能真实记录观察情况，并用自己的语言描述"落叶姿态"。 　　二、科学探究目标评价任务 　　初步掌握"正"字等调查统计方法，并能提出有价值的问题。 　　三、情感、态度、价值观目标评价方法 　　能聚焦观察重点，边观察边记录；能与同伴合作，分享交流观察情况；能充满好奇地提出不同的问题。 　　四、工程、技术与社会目标评价任务：使学生能创造性地使用其他调查统计方法。 　　五、课程文化目标：通过教学，使学生能把落叶涵养智慧和学习积累知识结合起来。

续　表

学与教活动设计	活动一：教师室内指导，明确"叶背""叶面"概念。 　　首先，引导学生观察一片叶子，使学生知道叶背和叶面的含义，告诉学生叶背朝上即是"趴着"，叶面朝上即为"躺着"；引导学生猜想叶子落下时是"趴着"的多，还是"躺着"的多。 　　活动二：学生校外调查，统计落叶姿态情况。 　　教师带领学生分组合作调查统计，可用画"正"字法统计，也可用"集中计数法"（即把一定区域内的"躺着"和"趴着"的叶子分别捡起，再集中计数。） 　　活动三：师生分享交流，激发学生的求知欲。 　　调查统计后，教师组织学生分享交流，引导学生依据观察记录，汇报调查统计情况，鼓励学生提出有价值的问题，激发学生的求知欲。 　　活动四：课堂内容拓展，鼓励学生持续探究，根据学生提出的问题，鼓励学生课下继续观察探究。
备注	本节课教学资源主题包含三轮实践，不断进行完善。观察主题由一开始的"叶子落下时，为什么趴着"，到后来改为"落叶姿态"。

附录1

《一叶知秋》校本课程资源研发成果

《一叶知秋》校本课程资源成果具体体现在课程资源体系上,《一叶知秋》校本课程资源体系主要内容如下:

《课程纲要》资源

《课程纲要》主要内容包括课程开发背景、课程性质、课程基本理念、课程简介、课程目标、课程资源编排思路、课程实施建议、课程评价建议和课程素材9部分内容。

《课程资源》(校本教材)

课程资源(教材)编辑模式是"教案行文",每节内容即为教案,共6单元,35课时(其中3节为选学内容),教学时可选择使用。

《教学参考》资源

《教学参考》内容包括课程总目标、具体目标、实施建议、评价建议、单元教学建议、课时教学参考,供教师指导教学时参考使用。

《实践活动记录》资源

《实践活动记录》主要整理了2016至2018三个年度的实施记录,真实呈现了学生观察的全过程,可以作为研发校本课程的参考资源。

《美篇实践纪实》资源

《美篇实践纪实》资源收录了以"美篇"方式分享的"一叶知秋"社团活动记录。时间跨度为2017年9月至2023年4月,其中2019年5月份以来的内容占三分之一,此内容可以作为教学素材参考,扫描二维码即可获取。

《银杏叶跟踪观察纪实》资源

《银杏叶跟踪观察纪实》资源记录的是跟踪观察银杏叶活动情况。跟踪观察银杏叶活动是"一叶知秋"社团最为精彩的活动,特单独编辑,以备今后教学参考。

《实践过程材料》资源

《实践过程性材料》主要包括2016、2017、2018三个年度的实践情况随笔,详细记录了每一次实践的具体情况。

《学生观察剪影》资源

《学生观察剪影》资源全面呈现了学生观察叶子时的情态,观察纪实中的图片也主要来源于此,为学生留下了美好的回忆。

《学生观察视频》光盘

《学生观察视频》资源动态呈现了学生观察时的汇报交流情况,可以作为以后实施《一叶知秋》的教学参考资源。

《学生观察记录》资源

《学生观察记录》精选了学生观察记录原件100份(2017至2020年),学生的记录各具特色,不同的学生有不同的记录、不同的感悟,充分体现了学生的学习个性和各自的观察水平。

附录1 《一叶知秋》校本课程资源研发成果

《学生观察日记(随笔)》资源

《学生观察日记(随笔)》精选了学生观察日记(随笔)70篇(按照观察时间顺序排列),内容丰富多彩,图文并茂,字里行间洋溢着学生观察时的开心和愉悦,本内容验证了"写随笔"对学生情感体验的价值。

《学生叶贴画作品》资源

《学生叶贴画作品》收录了学生叶贴画28幅,分别涵盖动物、植物和诗词贴画等内容。

《课程影响(成果)》资源

《课程成果》分别从学生、家长、领导、同行、媒体以及社会等几个方面记录了《一叶知秋》课程的影响以及实施成果,可以作为以后课程推广的经验借鉴。

《聚焦教育》资源

本视频聚焦了周广玲谈《一叶知秋》的课程理念和目标,呈现了学生的观察情况。

创编花絮《以叶为舟》资源

本内容包含了从2015年10月至2023年5月期间关于研发《一叶知秋》衍生出的文章,记录了老师在创编课程中的点滴思考,共94篇,可以作为创编校本课程的参考,也可作为校本课程开发对教师专业成长作用的启示文本。

叶子素材(美篇)

本资源收录了以"美篇"方式分享的叶子素材25篇,时间跨度为2017年9月至2023年5月。

《一叶知秋》叶子素材

叶子素材精选了原创叶子资料400多幅,可以作为教学参考,也可作为叶子作品供师生欣赏。

附录2
《一叶知秋》拓展课程：《诗经》里的植物（节选）

一、资源选择目的

本资源是从《诗经》里选择的学生身边的植物，目的是在引领学生跟随四季观察植物叶子的过程中，感知《诗经》之美，找寻文化之根，把自然观察和传统文化结合起来，培养学生的科学素养和人文情怀。

二、资源运用方式

可以跟随观察随机选择，也可以作为拓展资源供学生了解。

三、资源具体内容（节选）

本资源从《诗经》里选择了荠、莪、杞、柏、竹、葭、苯苢等15种植物，以"诗经原文节选——→叶子特点——→植物价值"的顺序呈现。

1. 荠（jì）

【诗经原文】谁谓荼苦？其甘如荠。宴尔新昏，如兄如弟。（节录《邶风·谷风》）

【叶子特点】

荠，即荠菜。荠菜是一年或两年生草本植物，高10~50厘米。基生叶呈莲座状，羽状分裂，长可达12厘米，宽2~5厘米，裂片3~8对

儿；浅裂或不规则,粗齿缘或近全缘。

【植物价值】

荠菜嫩枝,风味特佳,有"野菜中的珍品"之誉,肉吃多了,可吃荠菜来清涤肠胃,故又有"净肠草"一名。

2. 莪(é)

【诗经原文】蓼(lù)蓼者莪,匪莪伊蒿(hāo)。哀哀父母,生我劬(qú)劳。(节录《小雅·蓼莪》)

【叶子特点】

莪,即莪蒿,俗称米米蒿,多年生草本植物。因叶基抱根丛生,所以称为抱娘蒿。叶色浅,较灰绿,叶狭卵形,长3~5厘米,宽2~2.5厘米,二回至四回羽状分裂,叶片斜线形,上部叶无柄,下部叶有柄。

【植物价值】

茎叶可生食或蒸食,味道香美,是一种滋味不错的野菜,至今仍有人采集嫩苗、幼枝叶做蔬菜或制成水饺馅供食。

3. 杞(qǐ)

【诗经原文】翩翩者鵻,载飞载止,集于苞杞。王事靡盬,不遑将母。(节录《小雅·四牡》)

【叶子特点】

杞,即枸杞。落叶蔓性灌木,枝细长柔弱,有棘刺。叶互生,卵形至卵状披针形,长1.5~5厘米,宽0.5~2.5厘米。

【植物价值】

枸杞的苗和幼叶可作菜蔬或代茶饮,苏东坡称枸杞苗为"仙苗"及"仙草"。

4. 柏

【诗经原文】泛彼柏舟,亦泛其流。耿耿不寐,如有隐忧。(节录《邶风·柏舟》)

【叶子特点】

其叶皆侧向而生,故名侧柏。常绿大乔木,树皮片状剥落;小枝扁平,常排成一平面。叶鳞片状,紧贴小枝,交互对生,正面叶菱状卵形,两侧叶覆着正面叶的基部两侧。

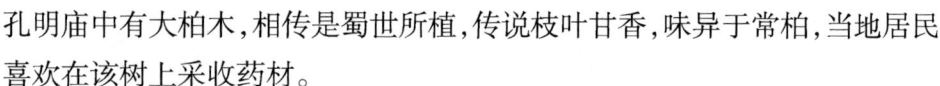

【植物价值】

叶含侧柏精,是常用中药,《神农本草经》将其列为上品,说"叶脂服之可永寿"今四川诸葛孔明庙中有大柏木,相传是蜀世所植,传说枝叶甘香,味异于常柏,当地居民喜欢在该树上采收药材。

5. 竹

【诗经原文】秩秩斯干,幽幽南山;如竹苞矣,如松茂矣。(节录《小雅·斯干》)

【叶子特点】

箨叶线状三角形,外翻。小枝叶3~4枚,叶形为披针形至阔披针形,长5~18厘米,宽1~2.5厘米,先端急尖,基部钝圆,侧脉5~6对。

【植物价值】

多种竹类的幼芽(即竹笋)是家常蔬菜。最重要的是,竹还是一种极富意涵且不可或缺的庭园植栽。

6. 葭

【诗经原文】蒹葭苍苍,白露为霜。所谓伊人,在水一方。溯洄从之,道阻且长;溯游从之,宛在水中央。(节录《秦风·蒹葭》)

【叶子特点】

今名:芦苇。叶互生,倒披针形,长2~10厘米,宽0.3~1.2厘米,两面被硬毛。

【植物价值】

芦苇枝叶可用来饲牛。芦芽为芦苇新生之笋,味稍甜,是古代著名的蔬菜,如苏东坡《惠崇

春江晓景》诗句所云:"蒌蒿满地芦芽短,正是河豚欲上时。"

7. 芣苢

【诗经原文】采采芣苢,薄言采之。采采芣苢,薄言有之。(节录《周南·芣苢》)

【叶子特点】

今名车前草,叶基生,卵形至阔卵形,长5～12厘米,宽4～9厘米,先端圆钝,两面无毛或具短绒毛,全缘、波状或钝齿缘,叶柄长5～20厘米。

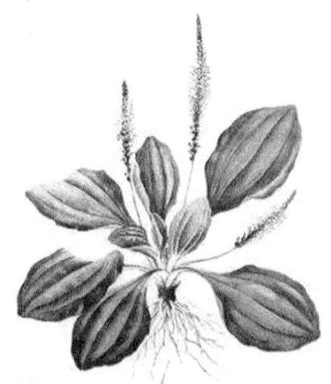

【植物价值】

芣苢是车前草,车前草又名蛤蟆衣、车轮菜。性喜阳光,常年群生在牛马厩中,故又谓之车前或牛遗,在路上或路边的开阔处也经常可见,因此又名当道。车前草初春生苗叶,自古以来即与人类生活息息相关,古人常采其嫩叶及幼苗作蔬菜,是极其普遍的救荒本草,至今仍有食用价值,且有一定的药用价值。

附录3
《一叶知秋》校本课程研发过程记录

课程是生成的,生成的课程具有永久的生命力,本附录是该课程资源创编的过程记录提纲,从中可以折射出《一叶知秋》创编完善的过程。

2015年8月11日,邹城市兔山小学课程中心成立,我们开始思考如何创编校本课程。

2015年10月1日,我开始研发《一叶知秋》校本课程。

2015年10月8日,完成了《一叶知秋》校本课程的基本教程,共五章20个主题。

2017年8月4日,开始整理《一叶知秋》课程素材,我体会到创编课程的思路是在整理的过程中明晰的,创编课程的方法是在创编的过程中逐步完善的。

2017年8月11日,通过对材料的再次梳理,我深刻体会到所有在创编课程过程中的灵感和思路都必须及时记录下来,不然曾经熟悉的惊奇和愉悦,就会稍纵即逝,重新再回忆,也仅仅是一些框架,真正有温度的东西早已荡然无存了。

2017年8月12日,我继续整理《一叶知秋》课程素材,开始以"跟踪观察"为主要内容,编辑《一叶知秋》第二册。

2018年2月16日,通过一年的观察实践,我发现了有趣的新现象,比如新生叶与"即落叶"虽然同为卷曲,却处在生命的不同阶段,内涵是截然不同的。新生叶的蜷曲是因为对生命的羞涩或是对生命无知的胆怯,而"即落叶"(即将落下的叶子)则是对生命的敬畏和收敛。

2018年12月29日,我对课程资源教材目录进行了补充,把相关素材进行了调整,将课程内容增加到38节。

2019年1月,把下册内容合并到上册,保持了《一叶知秋》编排思路中的"四季模块"。

2020年7月26日,我简化了课程拓展资源中"长在古诗里的叶"的内容,春、夏、秋、冬诗词各保留了一首。

2021年3月,《一叶知秋》获评山东省精品课程。

2021年4月,邹城市凫山小学课程中心撤销,我由《一叶知秋》校本课程的创编者转变为课程创编的培训者。

附录4
教师观察微型记录

观察是教师创编《一叶知秋》课程的主要途径,本附录按照时间顺序罗列了笔者主要在山东邹城市观察植物的记录,可以作为"植物观察微型随笔"供读者了解不同植物的花叶在不同时间段的生长情况。

序号	观察时间	观察植物	具体内容	备注
1	2018年1月28日	冬叶	枯枝掩斜阳,夕阳照残雪。心中若有美,处处皆风景。	冬叶未落
2	2018年2月5日	叶、花	冬未去春已来,叶未落花已开。	叶花并存
3	2018年2月21日	黄叶	叶黄未必落,叶落不归根。	叶落未"归根"
4	2018年3月11日	连翘花	刚出昂头,再长颔首。芽苞皆大胆,惟独它怕羞。	嫩芽含羞
5	2018年4月8日	连翘花	连翘紫叶花同隐,紫荆花残樱花艳。金枝槐叶金黄现,石楠叶红转褐黄。	植物生长情况
6	2018年4月13日	叶颜	春来无处不春风,偏在校园叶色中。看得紫红成褐黄,看得鹅黄成碧绿,看得金黄成鹅黄,看得浅绿变深绿,实叹造物有全功!	叶颜色变化

续 表

序号	观察时间	观察植物	具 体 内 容	备 注
7	2019年3月8日	嫩芽	暖气潜催次第春, 黄叶落尽嫩芽新。	嫩芽
8	2019年3月15日	绿叶飞花	绿叶却嫌春色晚, 故穿庭树作飞花。	叶似花
9	2019年4月14日	牡丹芍药	牡丹芍药相混生, 花王花相相映红。 花王茎为木质品, 花相茎为草质生。 丹凤叶宽前端裂, 白芍叶窄薄而青。 花王先开花艳丽, 花相随后半月余。	辨别牡丹芍药
10	2019年4月24日	苦菜	苦菜绽黄花,香车顶白纱。 红花陪绿叶,豆荚伴新芽。	苦菜开花时间
11	2020年6月12日	叶颜	新叶、老叶、落叶,浅绿、深绿、橘黄。似春、是夏、如秋。新老叶相伴,春夏秋相携。	夏末叶已多彩
12	2021年8月17日	莲子草	茎中空,叶对生,叶矩圆,尖钝圆,缘全缘,主脉隆起,花头状,生叶腋……公认恶草,但可食用入药。	莲子草特点
13	2021年9月5日	紫花地丁	紫花地丁小蜗牛,蘑菇满树叶满阶。走进大自然,处处好风景。	紫花地丁特点
14	2021年9月16日	虫子杰作	秋来了,送来了叶脉书签,但书签不是它的杰作……	叶子为昆虫的面包
15	2021年10月28日	一棵树的四季	若用心观察,竟能在一棵树上看到四季。大道至简,道法自然。	叶子文化
16	2022年1月18日	柳芽	远观柳枝墨如画, 近瞅新芽绿未还。	发芽时间
17	2022年1月19日	扶苏	扶苏枝紫芽亦紫, 紫叶并非紫芽生。	冬日扶苏
18	2022年1月20日	绿叶	枯草藏绿叶,寒尽青返还。 满地种子落,疑似瓜子壳。	冬日亦有绿叶

续 表

序号	观察时间	观察植物	具体内容	备注
19	2022年1月21日	新芽	灰枝渐新芽虫多, 黄叶独存芽苞褐。 腊梅初绽小溪边, 暗香浮动日影斜。	春芽萌发
20	2022年1月21日	雨后新芽	雪后旧叶新,雨中新芽鲜。	雨后芽美
21	2022年1月23日	腊梅	枯叶未落,黄花已开。 花苞未开,种子已熟。	生命的不确定性
22	2022年1月24日	春芽	紫叶满地待春来, 春至紫装变绿衫。	叶颜变化
23	2022年3月5日	绿柳迎春	绿柳才黄半未匀, 黄花初开喜迎春。	绿柳迎春
24	2022年3月17日	迎春、连翘	迎春昂头五六瓣, 连翘低首瓣四枝。	辨别迎春和连翘
25	2022年5月1日	臭椿、香椿	枝头一片叶,区分香与臭。 偶数为香椿,叶单是臭椿。	辨别臭椿和香椿
26	2022年7月15日	饭包菜	鸭跖叶椭圆,饱包竹叶尖。 待花时未到,应为蝴蝶兰。	饭包菜特点
27	2022年7月17日	紫花地丁	紫花地丁莹莹绿, 藜叶胭脂灰灰明。	紫花地丁
28	2022年7月18日	一年蓬	白花拥黄蕊,绿叶叠千层。 叶筑千层塔,花谢一年中。	植物特点
29	2022年7月19日	拉拉秧	拉拉秧割人藤,穿肠草五爪龙。 涩拉秧假苦瓜,拉拉蔓拉狗蛋。 苣苣藤降龙草,苦瓜藤勒草名。	一种植物多个名
30	2022年7月20日	长春花	长春花日日春,日日草日日新。 三万花雁来红,叶碧花红毒隐身。	长春花美而有毒
31	2022年7月21日	紫苑	爱惜芳心不轻吐, 且教桃李闹春风。 钻叶紫苑多年生, 紫倩小瓣青菀名。	植物文化
32	2022年7月22日	无名草	嫩芽扶墙生,并非藤蔓草。 不知名与姓,除非问小鸟。	植物生命力强

续 表

序号	观察时间	观察植物	具体内容	备注
33	2022年7月23日	酢浆草	酢浆草酸溜溜,心形叶开黄花。	酢浆草的叶形
34	2022年7月24日	带雨红妆	带雨红妆湿,迎风翠袖翻。夕知美人红,今晓黄妆艳。	植物别名
35	2022年7月25日	血见愁	地锦地肤蚂蚁草,血流一敷它就好。	叶之药用
36	2022年7月29日	牵牛	牵牛茎叶蔓攀生,待到七夕看花开。	植物故事
37	2022年7月29日	鬼子姜	菊芋鬼子姜,分别莫悲伤。	植物寓意
38	2022年8月1日	幸运草	三叶为正常,四叶为幸运。	叶之变异
39	2022年8月2日	臭鸡矢藤	容貌已可贵,心美价更高。	植物价值
40	2022年8月2日	蛇莓	红果诱人,偏不能食。	美且毒
41	2022年8月2日	狼尾草	夏日大风起,狼尾浪翻翻。	名字形象
42	2022年8月5日	费菜	今日花正好,昨日花已老。费菜可救心,岁月金不换。	名字繁多
43	2022年8月6日	火炬树	浴火重生,凤凰涅槃。	生命蜕变
44	2022年8月7日	小蘖	春开黄花,秋缀红果,深秋紫叶,善恶并存。	植物之辩证法
45	2022年8月8日	小叶黄杨	叶黄杨万年青,坚强刚毅为良才。	植物文化
46	2022年8月11日	黄刺梅	仲夏暑临花满树,谁言西北太荒凉。	开花时间
47	2022年8月12日	风车四轮	茜草此血为良药,四叶轮生很独特。茜草别名杂而多,风车四轮最贴切。	名字形象
48	2022年8月14日	五叶地锦	五叶地锦墙上挂,牵牛夕颜早开花。蜜蜂偏爱臭椿叶,羊角奶奶喜攀爬。	不同植物不同特点

续 表

序号	观察时间	观察植物	具体内容	备注
49	2022年8月18日	苦荬菜	黄花酷似蒲公英, 生性命苦不能飞。 蚊虫叮咬不要慌, 土蒲公英可帮忙。 (苦荬菜也叫蒲公英)	叶之药用
50	2023年3月5日	叶	人之初如叶之初,生机盎然无所畏惧,不知经历了风雨之后,能否依然坚守生命之初的生机。	叶文化
51	2023年3月23日	紫荆	校园紫荆开,众紫托绿芽。	叶子文化
52	2023年4月16日	木香、流苏	流苏如丝木香香, 莫把木香当流苏。 人人扬面赏流苏, 流苏洁身瞥红尘。	流苏文化
53	2023年4月16日	南京椴	春末夏初南京椴, 叶红携绿辞暮春。	叶子变化
54	2023年7月23日	落葵薯	落葵薯很奇特,腋生茎,繁殖快,枝叶消肿治骨折。	叶之药用
55	2023年7月26日	风车草	野生风车草,双羽合欢花。	植物形状
56	2023年7月28人	马缨丹	马缨丹,五色梅,防蚊草。 花颜次第变,昆虫频频来。	叶之药用
57	2023年7月30日	野韭菜	路边紫娇花,坛中野韭菜。	叶之食用
58	2023年7月31日	佛甲草	看之尖尖,触之绵绵,名曰佛甲草,亦称狗牙菜。	通俗与高深
59	2023年8月9日	麦冬	无畏、不求回报,一心向善。	麦冬花语
60	2023年8月10日	水杉	高立浊水中,人生本不同。	植物文化

主要参考文献

中华人民共和国教育部制定.全日制义务教育科学(3～6年级)课程标准(实验稿)[A].北京：北京师范大学出版社,2008.

中华人民共和国教育部制定.义务教育科学课程标准(2022年版)[A].北京：北京师范大学出版社,2022.

张广利.校本课程开发的实践与思考[M].福州：福建教育出版社,2014.

朱永新.新教育年度主报告[R].武汉：湖北教育出版社,2016.

老子.老子[M].沈阳：万卷出版公司.

潘富俊.诗经植物图鉴[M].北京：九州出版社,2018.

自然图鉴编辑部.花草树木识别图鉴[M].北京：人民邮电出版社,2016.

长谷川哲雄.林中漫步[M].宁凡,译.北京：人民邮电出版社,2016.

利奥·巴斯卡利亚.一片叶子落下来[M].任溶溶,译.海口：南海出版公司,2016.

赵敏俐,徐建顺.中华经典吟诵[M].郑州：大象出版社,2020.

艾玛·米歇尔.大自然治好了我的抑郁症[M].张鑫文,译.成都：四川文艺出版社,2022.

后　记

　　八年前，我着手创编校本课程。为了寻找素材，我曾在无数个周末沿着马路，穿越树林，迎着阳光一直往前，直到太阳下山时才回家。我看着如小鸟破壳的嫩芽，看着绿得要流出油的叶子，看着叶尖水珠里的彩虹，满心欢喜，就像小时候割草割满了筐子。

　　"草荣识节和，木衰知风厉。"在这八年间，我怀着对自然的敬畏之心，秉承朴实真诚的教育情怀，在叶子的世界里遨游。我时时体会到"曲径通幽处，禅房花木深"，在那"花木"之间，一片叶子随风飘舞，那是学生观察叶子时的快乐舞蹈；在那"花木"之间，一片叶子浅吟低唱，那是孩子们观察时哼唱的小曲儿；在那"花木"之中，一片叶子悠游而行，那是自我专业成长中，心灵飞翔的翅膀……

　　八年后，《一叶知秋》的课程素材与成果资料已经多得要冲出我的手机，挤出我的电脑，于是我精选出其中最具代表性的资料，进行系统梳理，用它们筑成我教育生涯的"城堡"。盼望着这一部用心血凝成、用行动写就的课程，能够成为一块厚重的砖石，铺就通往"自然教育"的康庄大道。

　　我真诚期盼，通过《一叶知秋》校本课程的实施，孩子们能像春天的嫩芽一样对世界充满好奇，对生活充满希望；像夏天的绿叶一样，绿意盎然，生机勃勃；像秋天的叶子一样，五彩缤纷，全面发展；像冬天的落叶那样，积聚力量，涵养智慧。

　　我殷切希望，"叶子文化"可以融入学校的管理理念，打造绿色教育模式。让每个孩子都可以安安静静地欣赏每一片叶子，体悟生命的神奇，让每位老师都可以以一种安静的心情，从分数的桎梏中逃离，走进植物园，呼吸

后　记

着新鲜的空气,静静欣赏每一片绿叶;让学校的领导,可以走进《一叶知秋》思考叶子文化,打造"绿色教育",实施绿色管理;让学校成为真正的乐园,让整个教育生机勃勃,绿意盎然。教育需要静心,犹如叶子需要土壤。愿一枚叶子,能够引领师生寻到教育的桃花源。

此外,在我创编课程素材期间,得到了很多热心朋友的关注和指导,2015年9月,在凫山小学校长胡勤楠的指导下,邹城市凫山小学课程中心开始进行校本课程的研发工作,《一叶知秋》校本课程应运而生。我的爱人,邹城市千泉小学米守勇老师一路同行,陪我走遍了周边的大小公园、河畔、小溪,观察叶子,寻求素材,拍摄照片视频。我的朋友,黑龙江省的管静老师,撰写了前四个单元的诗歌卷首,泗水县麻雀校长张学勇曾为课程命名出谋划策……在此一并感谢。

由于水平有限,书中错误在所难免,恳请读者批评指正。

周广玲
2023年9月10日晨间写于邹城市